지리로 다시 읽는

자본주의 세계사

지리로 다시 읽는
자본주의 세계사

이동민
지음

갈매나무

자본주의는 어디에서 와서
어디로 가는가?

이스라엘의 역사학자 유발 하라리는《사피엔스》에서, 자본주의야
말로 인류를 교리에 따라 행동하게 만든 역사상 최초의 종교라고
이야기한다. 그의 말처럼 자본주의는 우리 삶을 철저하게 '자본주
의적'으로 만드는 데 성공했다. 현대 문명과 사회에 대한 자본주
의의 영향력은 분명 그 어떤 종교보다도 훨씬 강력할 듯싶다. 사
실 종교를 믿지 않은 사람은 있겠지만, 자본주의에서 완전히 벗어
나 사는 사람은 거의 찾아볼 수 없을 것이다.

심지어 오늘날 자본주의로부터의 고립은 몰락과 파탄을 의미
하는 것처럼 보인다. 자본주의가 낳은 모순에 반발하며 탄생한 냉
전시대 공산권조차 결국 자본주의 체제에 편입되지 않았던가. 중
국과 베트남은 지금까지 공산당 일당독재 체제를 유지하고는 있
지만, 부분적으로 자본주의를 받아들이며 '세계의 공장'으로 거듭
났다.

아이러니하게도 자본주의 체제에 반하는 본격적인 저항은 자
본주의 종주국 미국에서 시작되었다. 2011년, 신자유주의 세계경

제의 최전선이자 세계 금융의 중심지인 월스트리트에서 대규모 반자본주의 시위가 일어났다. '월스트리트를 점거하라Occupy Wall Street'라는 구호 아래, 경제적·사회적 불평등, 양극화, 고용불안, 비정규직 확산의 부조리를 규탄했다.[1]

그뿐 아니라 뉴욕시립대학교 교수로 마르크스주의 지리학의 세계적 거장인 데이비드 하비David Harvey 역시 자본주의의 문제에 목소리를 높였다. 그는 월스트리트 시위가 일어나기 전부터 자본주의 체제는 불평등, 주기적인 대규모 경제위기, 그리고 환경파괴가 불가피하므로 전 세계가 연대해 자본주의, 특히 신자유주의에 대한 저항을 지속하고 실천해야 한다고 주장했다.[2] 실제로 오늘날 자본주의 체제의 양대 축인 미국과 중국이 전 세계 국가들 가운데 가장 많은 온실가스를 배출하면서도 교토의정서(1997)나 파리기후협약(2015) 같은 환경보호 현안에 매우 소극적인 행보를 보이고 있음[3]을 고려하면, 하비의 주장이 틀린 것도 아니다.

문제는 그렇다고 해서 하루아침에 자본주의가 사라지거나 가까운 미래에 완전히 다른 경제체제로 대체되기란 사실상 불가능하다는 데 있다. 좋든 싫든, 옳든 그르든 오늘날 우리가 살아가는 세계는 자본주의가 만들었으니 말이다.

• • •

지금으로부터 600여 년 전에 태동한 자본주의는 지금과 같은 체제가 아니었다. 농업에서 상업으로 경제구조가 바뀌는 과정에서 탄생한 상업자본주의는 무역을 통해 교류를 넓히며 세계를 하나로 묶었고 세계화 시대를 열어젖혔다. 반면 지금의 자본주의는 세계의 지리적 불평등을 초래하고 있다. 자본주의가 확대될수록 선진국과 개발도상국 간 격차는 점점 더 벌어지고 있으며, 세계 각 나라는 극심한 빈부격차로 인한 사회갈등으로 골머리를 앓고 있다. 게다가 자본주의가 진전하는 과정에서 무분별한 자원 개발과 환경파괴를 일삼으면서 환경오염과 기후위기라는 전 세계에 걸친 지리적 문제까지 발생했다.

그런 점에서 자본주의에 대한 이해는 경제학이나 사회학은 물론 지리학을 바탕으로 이루어져야 한다. 그래서 이 책은 지리학자의 시선에서 자본주의의 역사를 훑는다. 이를테면 '자본주의는 왜 서양에서 시작되었으며 어떻게 해서 전 세계로 퍼져나갔을까?' '아시아나 아프리카는 서구와 차별화된 고유한 전통적 경제구조와 질서를 마련하고 있었음에도, 중국과 인도가 18세기까지 유럽을 압도하는 세계 제일의 경제대국이었음에도 어째서 서양의 자본주의에 뒤처지고 말았을까?' '많은 사람이 자본주의를 완전무결한 체제로 떠받들지만, 오히려 빈부격차와 환경문제를 계속해서 초래하고 이를 해결하지 못하는 까닭은 무엇일까?' '왜 오늘날 여러 나라가 자본주의 체제에 편입해 선진국으로 거듭나려고 안달하는 것일까?' 같은 것들이다. 이는 자본주의의 등장과 발전 그리고 오늘날 신자유주의경제 질서를 가져온 다양한 지리적 요인과 절대적 관계를 맺고 있기 때문이다.

이 책이 자본주의 사회를 살아가고 있는 독자들에게 자본주의란 무엇인지 그리고 자본주의 세계의 지리적 질서를 어떻게 봐야 할지 의미 있는 통찰을 줄 수 있기를 기대한다.

차례

2. 반反자본주의 확산으로 분열하는 지구

3. 이상한 나라의 자본주의가 그려낸 새로운 세계지도

지도와 나침반, 화약에서
시작된 자본주의

○
●
○

자본주의란 도대체 무엇일까? 사전에 따르면 자본주의는 사유재산제도와 경쟁을 전제로 하는 시장경제 원리에 토대하며, 재화의 생산 및 교환을 통한 자본의 축적과 재축적이 지속해서 일어나는 경제 사조나 체제 또는 이와 관련된 문화 등을 의미한다.

자본주의 그리고 그 바탕이라고 할 수 있는 사유재산제도와 시장경제의 역사는 생각보다 짧다. 물론 유사 이래 인류에게 돈과 재화가 중요하지 않았던 적은 거의 찾아볼 수 없고, 인류가 진기한 재화를 구하고 큰돈을 벌기 위해 무역을 시작했던 때는 신석기시대까지 거슬러 올라간다.[4] 하지만 이러한 역사적 사실이 자본주의가 인류 역사와 함께했음을 의미하지는 않는다.

무엇보다 전근대에는 토지와 같은 재산이 영주나 왕실의 소유물이었기에 사유재산이 절대적으로 보장되지 않았다. 경제 규모도 작았고, 그나마도 대부분 자급자족 수준에 머물렀다. 비단과 같은 값비싼 재화를 유통했던 실크로드 무역 등은 대개 소수의 특권층만을 위한 경제활동이었다. 그러다 보니 규모가 큰 시장이 형성되기 어려웠고, 시장에서의 자유경쟁을 기대하기는 더더욱 어려웠다. 당연히 자본이 자본을 재생산하고 재축적하는 신용경제·금융경제 역시 미흡했다. 은행, 즉 금융기관은 수천 년 전 고대 메소포타미아문명에서 시작되었지만, 자본주의가 탄생하기 이전의 은행은 금융자산을 운용해 자산 규모를 키우고 자본을 재창출하는 근현대적 의미의 금융기관이라 할 수 없다.

지금과 같은 자본주의의 탄생은 15~16세기 오스만제국의 팽창과 이에 따른 실크로드 무역로의 봉쇄와 관계가 깊다. 자본을 투자해 더 큰 이윤을 남기는 것이 자본주의의 본질적 메커니즘이니 무역은 당연히 자본주의의 한 축으로 자리 잡을 수밖에 없는데, 무역로 봉쇄가 자본주의 발달로 이어졌다니 어찌 보면 크나큰 역설이다. 유럽의 서쪽 끄트머리에 있던 포르투갈과 에스파냐는 육로를 통하는 대륙 동쪽의 무역로가 오스만제국에 가로막히자 서쪽 대양으로 이어지는 신항로를 개척해야 했다. 그 과정에서 에스파냐는 식민지 삼은 아메리카대륙에서 막대한 양의 은이 발굴된 덕분에 16세기 세계 해상무역 네트워크의 중심 역할을 했다. 자본주의 기축통화의 시초라 할 만하다.

에스파냐의 뒤를 이어 17세기에는 네덜란드가 새로운 해양대국으로 성장하는데, 그 배경에도 무역이 있었다. 당시 네덜란드가 주력하던 원양무역은 막대한 초기비용이 드는 데다 위험부담이 만만치 않았다. 이를 보완하고 활성화하는 과정에서 주식회사·증권·보험 등 자본주의 신용의 기틀이 마련되었고, 이러한 재정혁명의 바람이 영국까지 불어닥치면서 현금과 현물 중심의 경제는 금융과 신용 중심의 경제로 변모하기 시작했다. 자본주의의 선구 격인 '상업자본주의'의 태동이었다.

18세기에는 프랑스에서 상업자본주의 발전에 힘입어 경제적 부와 전문 경제 지식을 갖춘 시민계급이 성장하면서 시민혁명을 일으켰다. 그들은 경제활동의 자유와 사유재산의 보장을 법제화했고, 자본주의의 뿌리를 더더욱 공고히 했다. 이는 18세기 후반 영국의 산업혁명으로 이어졌고, 19세기에 경제와 시장의 규모를 대대적으로 키운 자본주의는 본격적인 '산업자본주의'로 거듭나기에 이르렀다.

　'지리상의 발견'이라는 문자 그대로의 의미를 뛰어넘어, 전 세계를 자본주의경제 질서가 지배하는 공간으로 재편한 이 거대한 물결은 이슬람 제국이 가로막은 유라시아 무역로에서 시작되었다고 해도 과언이 아닌 셈이다.

1장

에스파냐,
세계 최초로 대서양을 건넌 나라

○
●
○

대서양을 최초로 횡단한 인물은 누구일까? 흔히 에스파냐에서 이사벨 1세Isabella I의 지원을 받아 대서양을 건너 1492년에 산살바도르San Salvador에 도착한 크리스토퍼 콜럼버스Christopher Columbus를 떠올릴 것이다. 그런데 엄밀히 말하면 1000년 무렵 그린란드에서 대서양을 건너 캐나다 뉴펀들랜드Newfoundland에 상륙한 탐험가 레이프 에이릭손Leif Eiríksson이다.

하지만 뉴펀들랜드에 뿌리내리지도, 대서양 횡단을 역사의 변화로 끌어내지도 못했던 에이릭손과 달리 콜럼버스의 대서양 횡단은 인류 문명사의 극적인 전환점이었다. 수많은 아메리카 원주민이 희생당하고 아메리카 문명이 파괴되는 등의 문제점을 낳았지만, 콜럼버스의 항해가 인류, 정확히는 서양인들이 망망대해로 나아가며 세계를 하나로 잇는 시발점이 되었다는 점만은 부정할 수 없다. 그리고 그 덕분에 먼바다의 항해와 무역이 이어지면서 자본주의의 밑그림이 그려질 수 있었다.

그렇다면 콜럼버스가 대서양으로 닻을 올린 까닭은 무엇일까? 자본주의를 향한 첫 항해라고도 할 그 배경에는 15세기 유럽과 이베리아반도의 지정학적·종교적·지리적 판도가 작용했다.

이베리아반도는 왜
대륙을 등져야 했을까?

팍스 몽골리카Pax Mongolica 시대(13~14세기)에 유럽의 상업과 무역, 특히 몽골제국(킵차크칸Kipchak Khanate)이 지배하던 흑해와 유럽의 지중해를 잇는 무역로는 유례없을 만큼 번영했다. 동양의 비단, 향신료 등은 흑해와 지중해를 거쳐 유럽으로 수입된 뒤 비싼 값에 팔려나갔고, 그 덕분에 흑해 연안과 이탈리아 북부에 자리한 여러 교역도시는 비약적으로 발전할 수 있었다.[5]

하지만 몽골제국이 쇠퇴하고, 15~16세기에 이슬람 세력이 대두하면서 유럽 세계는 위기에 직면했다. 이집트 맘루크술탄국이 15세기 초중반 키프로스Kypros, 로도스Rhodos섬 등 동지중해 해상무역 요충지들을 습격하거나 정복하며 지중해 무역에 큰 타격을 입힌 것이다.[6] 게다가 1453년, 오스만제국이 콘스탄티노폴리스Konstantinopolis(이스탄불의 옛 이름)를 점령해 동로마제국(비잔티움제국)을 무너뜨리고 지중해와 흑해를 잇는 발칸반도를 차지했다. 나아가 16세기 초반 발칸반도와 흑해 연안 대부분은 물론, 맘루크술탄국과 동유럽의 강자 헝가리까지 정복하며 유럽·아시아·아프리카 세 대륙을 아우르는 세계 제국으로 부상했다. 그런 오스만제국이 세 대륙에 둘러싸인 바다 지중해, 특히 동지중해를 가만둘 리 없었다. 16세기 초반 동지중해는 결국 그 손에 넘어갔다.

오스만제국이 유라시아 무역로를 가로막은 바람에 유럽은 터무니없을 만큼 비싼 돈을 주고 동양의 향신료 등을 사와야 했다. 지중해 무역을 주관하던 베네치아Venezia와 제노바Genova 등을 거치며 수입품 가격은 걷잡을 수 없이 폭등했다.

지중해 서쪽이자 유럽대륙 서남쪽 끝에 있는 이베리아반도의 지정학적 정세는 지중해 동쪽과는 정반대였다. 그곳에서는 8세기 초반 이래 그리스도교와 이슬람교 간의 대립이 8백 년이나 이어지고 있었는데, 15세기경 이슬람교 세력은 그리스도교 국가들의 국토회복운동, 즉 레콩키스타reconquista로 결국 무너졌다.

이베리아반도 서쪽에 자리한 포르투갈은 13세기 중후반에 이미 오늘날의 국토 영역을 대부분 확보하며 유럽의 강국으로 대두했다. 에스파냐도 1469년 카스티야왕국의 이사벨 1세와 아라곤왕국의 페르난도 2세 Fernando II가 결혼하면서 동군연합同君聯合*으로 통일을 이룩한 뒤, 1492년에는 포르투갈을 제외한 이베리아반도를 완전히 장악했다.

그들의 다음 과제는 레콩키스타로 축적된 힘을 외부로 표출하는 것이었다. 포르투갈보다 뒤늦게 통일을 완수한 에스파냐에는 수백 년 동안 이슬람교도와 싸워온 용맹하고 전쟁에 도가 튼 기사와 군인이 넘쳐났다. 왕실로서는 레콩키스타에서 활약한 이

....

* 유럽에서는 군주 간의 결혼 또는 왕위 계승권 문제 등으로 두 개 이상의 나라가 한 군주를 두는 일이 종종 있었는데, 이를 동군연합이라 한다. 아라곤왕국과 카스티야왕국의 관계가 그 예이며, 16세기 초반 압스부르고Habsburgo(합스부르크의 에스냐파식 표기)왕가가 에스파냐를 통치하면서부터 카스티야왕국을 중심으로 한 본격적인 국가 통합이 이루어지기 시작했다.

그림 1 15세기 유럽의 지정학적 판도

흑해는 오스만제국의 지배 아래 들어갔고, 동지중해는 이슬람 세력인 오스만제국과 맘루크술탄국에 포위된 모양새다. 그 반면 서쪽의 이베리아반도에서는 통일국가를 이룩하고 이슬람 세력을 축출한 포르투갈과 에스파냐가 외부, 즉 바다로 뻗어나가려 하고 있었다.

들에게 충분한 '경제적' 보상을 해줘야 했다.

에스파냐가 외부로 나갈 수 있는 문은 두 개였다. 하나는 유럽대륙을 향해 열려 있는 피레네산맥이었고, 다른 하나는 아프리카를 향해 열려 있는 지브롤터해협이었다. 하지만 길이 491킬로미터, 최대 폭 200킬로미터, 해발 3,000미터가 넘는 데다가 고봉도 여럿 있는 피레네산맥은 그 자체가 이베리아반도 두 나라의 유럽대륙 진출을 가로막는 거대한 천연 장애물이었다.[7]

8세기에 이베리아반도를 정복한 뒤 유럽대륙으로 세력을 확장하려던 이슬람 우마이야왕조도 732년 오늘날 프랑스 남서부에서 일어난 투르·푸아티에전투에서 프랑크왕국에 패배한 뒤 피레네 북쪽으로의 진출을 포기했다. 게다가 피레네산맥 너머에는 중앙집권화를 이루며 유럽 제일의 강국으로 대두한 프랑스가 굳건히 자리 잡고 있었다.

에스파냐의 선택은 지브롤터해협밖에 없었다. 이 해협 건너편 북아프리카는 이슬람교가 등장하기 전까지 그리스도교 문화권에 속했다. 그러니 그리스도교 국가들에게 이곳은 '종교적'으로도 반드시 되찾아야 할 곳이었다. 실제로 1415년, 포르투갈은 지브롤터해협 건너편에 있는 항구도시 세우타Ceuta를 모로코의 마린술탄국으로부터 빼앗기도 했다. 그러나 포르투갈이나 에스파냐가 세우타 이남으로 영토를 팽창하기에는 한계가 있었다. 마린술탄국의 영토 일부를 빼앗았다고는 하지만 당시 강대국인 오스만제국조차도 완전히 복속하지 못할 정도로 그 세력이 만만찮았고,

북아프리카 일대에 사는 유목민 베르베르인은 사납고 용맹하기로 이름난 전사들이었다.

이런 상황에서 이베리아반도의 두 나라가 대서양으로의 진출을 결심한 것은 어찌 보면 당연한 일이었다. 포르투갈은 지중해와 북해를 잇는 지리적 입지를 활용해 일찍부터 해상무역에 뛰어든 해양 강국이었으며, 에스파냐 카탈루냐Cataluña의 아라곤왕국 역시 13~14세기에 지중해를 주름잡았던 해양 강국이었다. 통일을 이룩한 에스파냐는 사르데냐Sardegna, 코르시카Corsica 등 서지중해의 섬과 시칠리아Sicilia, 이탈리아 남부까지 영유했다.

대항해시대는 포르투갈이 먼저 열어젖혔다. 포르투갈은 세우타 정복을 시작으로 아프리카 진출에 본격적으로 뛰어들더니, 1498년에는 희망봉과 인도양을 거쳐 인도 남서해안 캘리컷Calicut에 진출했다. 포르투갈은 오스만제국과 이슬람 세계의 종주국 자리를 놓고 다투던 페르시아 사파비제국의 도움까지 받으며 대서양과 인도양을 통해 인도를 넘어 동아시아로 이어지는 항로를 개척했다. 사실상 향신료 무역을 독점하게 된 포르투갈이 돈방석에 앉음은 당연했다.

뜻밖의 자원이 가져다준
막대한 부

에스파냐는 포르투갈과 다른 항로를 찾아야 했다. 그때 마침 대서
양을 서쪽으로 가로질러 항해하면 인도에 도달할 수 있다고 주장
한 콜럼버스가 나타났고 이사벨 1세는 그를 후원하기로 한다. 당
시에는 그의 주장이 허튼소리로 치부되었는데, 에스파냐로서는
선택의 여지가 없다 보니 '속는 셈 치고' 콜럼버스를 후원했다고
할 수 있다. 1492년 10월 12일, 콜럼버스가 목숨을 건 항해 끝에
도착한 땅은 인도가 아닌 신대륙*이었다. 그럼에도 그는 죽는 순
간까지 자신이 인도로 가는 항로를 발견했다고 굳게 믿었다. 에스
파냐 왕실은 콜럼버스 일행이 '콩키스타도르conquistador'(에스파냐
어로 '정복자'라는 뜻)라는 이름으로 아메리카대륙을 휘젓고 다니는
일을 20퍼센트의 세금을 받는 조건으로 허가해 주었다.

　　당시 멕시코고원에는 아스테카제국이, 안데스산맥에는 잉카제
국이 번영하고 있었다. 이들은 유럽을 앞서는 수준 높은 귀금속 제련
술과 건축술, 역법을 갖춘 선진문명사회였다. 또한 각각 10만 명이
넘는 대군을 거느리고 주변 부족들을 복속시킨 강력한 정복왕조

．．．．．．．

*　　유럽인의 시각이 반영된 용어다. 알려졌다시피 콜럼버스가 발견한 곳은 인도가 아닌
아메리카대륙이었으며, 아메리카라는 이름은 이탈리아 출신의 탐험가 아메리고 베스푸치Amerigo
Vespucci에서 따온 것이다.

였다. 반면 콩키스타도르는 100~300여 명에 불과했다. 하지만 철과 화약, 말(馬)이 없던 아스테카와 잉카 전사들은 동물의 털가죽을 뒤집어쓴 채 흑요석을 날카롭게 갈아 만든 칼을 휘두르며 이에 맞섰고, 강철 갑주·도검·화포·군마로 무장한 콩키스타도르의 상대가 되지 못했다. 게다가 침략자들이 천연두·홍역·티푸스 바이러스를 옮기면서, 면역력이 없던 수많은 원주민이 목숨을 잃었다. 결국 1521년 에르난 코르테스가 아스테카제국을, 1533년에는 프란시스코 피사로가 잉카제국을 멸망시켰다. 전염병과 학살로 두 제국을 초토화시킨 에스파냐는 '새로운 에스파냐'라는 뜻의 식민지 '누에바 에스파냐Nueva España'(오늘날의 멕시코)를 건설했다.

누에바 에스파냐에는 정복자들이 그토록 바라던 향신료와 비단은 없었지만, 금과 은이 풍부했다. 그중에서도 백미는 오늘날 볼리비아 포토시Potosi 에 위치한 포토시 은광이었다. 1545년부터 은을 채굴하기 시작했는데 품질이 대단히 좋았으며 전성기에는 전 세계 은 생산량의 절반을 생산할 만큼 매장량도 엄청났다. 아메리카대륙의 금과 은은 에스파냐에 막대한 부를 가져다주었고, 수많은 에스파냐인이 금은을 찾아 배에 몸을 실었다.

16세기 초반에 이르면 아메리카대륙과의 무역을 통한 이익이 지중해 무역의 이익을 능가하기 시작했다. 그 덕분에 동군연합 왕국이었던 에스파냐는 대서양 무역의 중심지인 카스티야를 중심으로 통합을 이루었다.[8] 그뿐 아니라 아메리카대륙의 은 덕택에 세계 최대의 무역 대국으로 떠올랐다.

그림 2 **포토시 은광에서 착취당하는 원주민들**

해발 4,000미터에 위치한 포토시는 은광으로 인해 '부유한 산'이라는 의미로 '세로 리코
Cerro Rico'라 불렸다. 포토시 은광이 아니었다면 16세기 에스파냐의 부富는 없었을
테지만, 그 영광 뒤에는 아메리카 원주민들의 희생이 자리하고 있었다.

은, 세계화를 열어젖힌
선구적 기축통화

인도와 동남아시아의 향신료, 아메리카대륙의 귀금속은 각각 포르
투갈과 에스파냐를 돈방석에 앉게 해주었다. 특히 은이 운명을 갈
라놓았는데, 당시 두 나라가 위험을 무릅쓰고 바다로 진출하게 만
든 향신료는 유럽에서 금보다 비싸게 거래되었지만, 화폐로 사용

하기에는 한계가 있었다. 향신료는 식자재이므로 한 번 사용하면 끝이다. 보존 기간도 길지 않은 데다가 잘못 보관하면 그 가치가 크게 떨어진다. 게다가 향신료는 유럽에서나 특별 취급을 받았다.

하지만 귀금속은 달랐다. 유사 이래 금과 은은 세계 어느 곳에서나 통하는 값비싼 재화였다. 녹슬거나 변질할 위험성도 거의 없고 가공하기도 쉬운 편이다. 물론 은은 금보다 공급량이 많아 그 가치가 훨씬 낮다. 그러나 오히려 그 점 때문에 화폐로서 더 높은 가능성을 부여받았다. 금은 희귀해서 가치가 높았지만, 그로 인해 화폐로 사용하기에는 부담이었다. 오늘날 한국은행이 고액권 지폐를 발행하지 않는 것과 비슷한 이치다.

이러한 장점 덕분에 은은 에스파냐가 아메리카대륙을 발견하기 이전부터 세계 각지에서 주목받고 있었다. 은화는 기원전부터 금화와 함께 화폐로 사용된 바 있다. 물품화폐를 사용하는 관행이 뿌리 깊었던 탓에 화폐경제가 어느 정도 성숙한 뒤에야 쓰일 수 있었던 동전이나 지폐와 달리, 은화는 금화와 더불어 재료 자체가 높은 가치를 갖는 귀금속이었기 때문이다. 당연히 초고액권이었던 금화보다는 은화가 활발히 쓰였다. 16세기 무렵에는 유럽 각국과 동아시아의 명나라 등 세계 전역에서 은 또는 은화가 화폐로 널리 쓰였고, 그 결과 은의 수요는 전 세계적으로 눈에 띄게 증가했다.[9] 이러한 점에서 에스파냐의 지리상의 발견과 아메리카대륙 지배는 '신이 내린 기회'라고 해도 과장이 아닐 정도로 타이밍이 대단히 잘 맞아떨어진 셈이었다.

그 당시 은은 지금으로 치면 달러였다. 정치적으로 불안하거나 경제적으로 어려운 나라에서는 자국의 화폐가 아닌 달러를 법정화폐로 삼거나, 심하면 달러를 자국 통화로 사용하는 '달러라이제이션dollarization' 현상이 일어난다. 달러가 단순히 미국의 화폐인 점을 넘어 전 세계 어디서나 통용되는 기축통화이기 때문이다. 기축통화는 특히 무역이나 국제금융시장에서 중요하게 쓰인다. 자국화폐로 다른 나라와 거래를 하면 환율 때문에 화폐가치가 제대로 평가받기 어렵다는 문제가 있지만, 기축통화는 세계 어느 나라에서나 통하므로 그런 문제를 최소화할 수 있다.

그런 점에서 기축통화는 국제무역, 경제의 세계화, 그리고 자본주의 발전에 중요한 역할을 한다. 물물교환은 말할 것도 없다. 또 화폐를 쓰더라도 특정 지역이나 국가에서만 통한다면 무역은 그만큼 제한될 수밖에 없다. 하지만 기축통화는 세계 어디서나 가치를 인정받으므로 무역이 활발하면서도 안정적으로 이루어질 수 있다.

국제무역의 규모와 빈도가 눈에 띄게 증가함에 따라 자본의 이동과 규모 역시 커졌다. 이러한 과정이 지속되고 확대되면서 종국적으로 근대적 자본주의가 등장하고 자본주의경제 질서가 확립되었다. 예나 지금이나 기축통화는 국제무역의 기준으로 작용하니 기축통화 보유량은 곧 무역, 나아가 세계경제 질서를 주도할 힘을 의미했다.

에스파냐는 아메리카대륙에서 가져온 은으로 은화 '페소 데 오초Peso de Ocho'를 주조했고, 이 은화는 대항해시대 기축통화로 자리매김했다. 이미 세계 각지에서 은과 은화가 화폐로 중요하게 쓰이던 차에 아메리카대륙에서 고품질의 은이 어마어마할 정도로 생산되었고, 그것이 에스파냐와 포르투갈 무역선을 따라 전 세계에 유통되면서 세계 어디서나 통하는 화폐교환 수단으로 자리 잡은 덕분이었다.

에스파냐 은은 에스파냐와 포르투갈의 무역로를 따라 전 세계로 퍼져나가며 세계를 하나로 잇다시피 했고, 기축통화 페소 데 오초 덕분에 무역 거래 규모와 재화의 다양성은 팍스 몽골리카 시대를 뛰어넘었다.

아메리카대륙의 카카오, 담배, 토마토, 설탕 같은 새로운 작물과 재화는 전 세계로 퍼져나가며 세계 각지의 경제는 물론 사회와 문화를 변화시켰다. 동양의 차나 도자기 등도 유럽 문화와 상류층 삶에 많은 영향을 끼쳤다.[10] 임진왜란에서 맹위를 떨친 조총 역시 에스파냐와 포르투갈 상인들을 통해 일본에 전해진 것이었다. 고추, 호박, 감자, 고구마 등도 에스파냐 지배하에 들어간 아메리카대륙에서 일본, 중국 등을 거쳐 한반도로 유입된 작물이니 고춧가루를 넣은 김치와 반찬, 풋고추와 호박이 들어간 된장찌개, 감자와 고구마 등 '토속적'이고 '한국적'으로 보이는 밥상도 에스파냐의 해외 영토 확장과 해상무역 네트워크 건설에 그 뿌리를 두고 있는 셈이다.

그래서인지 에스파냐의 지리상의 발견과 은의 세계적 유통이

그림 3 **16세기 에스파냐의 기축통화, 페소 데 오초**

최초의 세계 통화라 할 수 있는 이 은화는 1570년대에 처음 주조되어 유라시아대륙은
물론 아프리카, 아메리카로 퍼져나가 19세기까지 세계 통화로 쓰였다. 1600년 당시를
기준으로 했을 때, 이 은화를 지금의 화폐가치로 환산하면 9만 원 정도 된다.

일어난 16세기를 세계화의 시작으로 보는 견해도 있다.[11] 세계화란
세계의 정치·경제·사회·문화 등의 상호 의존성과 연결성이 동시
다발적이고도 대규모로 일어나는 현상을 일컬으며, 세계라는 공간
의 통합을 촉진한다. 예컨대 K-컬처의 세계적 확산, 미국 투자은행
리먼브라더스의 파산이 초래한 2008년 세계 금융위기, 2022년 발
발한 러시아·우크라이나전쟁이 전 세계 정치와 경제에 중대한 영
향을 미치는 현실 등이 세계화의 대표적 사례다.

　마찬가지로 16세기 지리상의 발견과 누에바 에스파냐 건설로

인한 유럽대륙으로의 은 유입은 단순히 에스파냐를 부국으로 만들어 준 것에 그치지 않는다. 이는 유럽 경제에 큰 영향을 미치는 수준을 넘어 에스파냐발 은이 전 세계로 퍼져나가게 만들었다. 나아가 임진왜란이 발발할 지정학적·경제적 여건을 조성하는 등 세계 정치·경제·사회질서를 바꾸어놓았다.

이렇듯 에스파냐를 선두로 자본주의 세계화의 초석이 마련되긴 했지만, 16세기에는 교통과 통신의 발달이 오늘날보다 미비했던 만큼 그 속도와 층위는 지역마다 문화마다 달랐다. 이것이 앞으로 자본주의의 지정학을 다중스케일로 들여다보고자 하는 배경이다(개념에 대한 보충 설명은 다음 쪽 별면을 참고하기 바란다).

다중스케일이란?

역사를 새롭게 바라보는 시각이자 이 책의 중요한 지리 개념인 다중스케일에 대해 짚고 넘어가자. 지리학에서 스케일은 축척·범위 등을 뜻하는데, 1990년대 이후부터는 의미를 확대해 지표 공간에서 일어나는 다양한 현상의 인식에 영향을 미치는 지리적·공간적 규모나 범위를 가리키는 용어로 쓰인다.

예를 들어 동아시아 문화권은 한자, 유교, 불교 같은 문화적 특성을 공유하는 동질적 스케일이지만, 국가 단위로 스케일을 좁히면 공유하는 부분은 있되 정치적·경제적·역사적·문화적인 면 등에서 상이한 국가 스케일이 된다. 미국과 멕시코 역시 국가 스케일에서 보면 이질적 부분이 많은 다른 스케일이지만, 미국·멕시코·캐나다협정United States–Mexico–Canada Agreement, USMCA이라는 경제공동체 측면에서는 같은 스케일이다.

최근에는 지표 공간을 특정한 스케일이 아닌, 다양한 스케일의 상호 작용이라는 관점에서 재접근하는 지리적 인식론인 다중스케일적 접근이 주목받고 있다. 러시아·우크라이나전쟁의 발단이 된 우크라이나의 동서 분열(친서방 성향 서부 vs. 친러시아 성향 동부)이 제정러시아와 소련 시기의 우크라이나 지배 방식 및 이 시기 우크라이나의 경제적·지리적 분화(우크라이나-러시아 스케일), 냉전 이후 동유럽의 지정학적 변화(동유럽-글로벌 스케일), 푸틴 정권의 팽창주의(러시아 스케일) 등 다양한 지리적 스케일의 행위자들 간의 상호 작용 결과라는 연구 등이 다중스케일적 접근의 결과다.

에스파냐의 날갯짓이
아시아의 태풍이 되다

에스파냐 은이 가장 많은 인기를 얻은 곳은 중국, 즉 명나라와 청나라였다. 아메리카대륙의 은 대부분이 유럽으로 흘러들어 가면서 재정혁명을 일으키기도 했지만, 그중 많은 양이 중국으로도 유입되었다. 명나라와 청나라는 은을 화폐로 널리 사용했고, 일조편법一條鞭法, 지정은제地丁銀制 등 은본위 세제까지 도입해 은의 수요가 매우 컸다.

한편 북로남왜北虜南倭*에 시달렸던 명 왕조는 내륙 방면으로 많은 군사력을 투입하는 동시에 왜구의 창궐 등을 막기 위해 엄격한 해금海禁 정책을 폈다. 하지만 에스파냐산 은이 가진 막대한 경제적 힘 때문에 조정에서 파견한 관리와 해안 지역의 유지들은 황제의 엄명에도 밀무역에 적극 나섰다.[12] 에스파냐가 건설한 해상무역 네트워크를 바탕으로 대량의 품질 좋은 에스파냐산 은이 봉쇄된 바닷길의 빈틈을 따라 중국 땅으로 대거 유입되었다. 그로 인해 중국은 물론 동아시아 전체의 경제적·지정학적 질서에 거대한 변화가 일어난다.

....

* 북쪽의 오랑캐와 남쪽의 왜놈이라는 뜻이다. 몽골제국이 북쪽으로 쫓겨난 뒤에 북방의 몽골인 등은 명나라 북쪽 국경지대를 계속해서 침범했고, 한편으로 남쪽 해안지대에서는 왜구가 준동했다.

우선 중국이 은을 구하기 위해 비단 같은 특산물을 유럽 상인들에게 적극적으로 판매하면서 무역이 활발해지고 경제 규모가 커졌다. 한편 해금정책으로 해안지대에서는 부패와 밀수가 성행했다. 또한 동아시아 은 산지였던 일본산 은에 대한 수요도 점점 증가했다. 이는 임진왜란이라는 동아시아 지정학적 질서의 대격변을 가져왔다. 때마침 전국시대戰國時代*라는 대혼란을 수습한 일본은 더 많은 이윤을 얻기 위해 외부로 눈을 돌렸다. 그러고는 은의 국제 유통을 제한했던 해금정책을 구실로 조선을 장악한 뒤 명나라를 정벌할 계획을 세웠다.[13]

그뿐 아니라 에스파냐발 세계화는 에스파냐의 전성기가 끝난 지 두 세기가 지난 1840년 무렵에까지 동아시아와 세계의 역사, 지정학적 질서에 중대한 영향을 미쳤다. 19세기 영국은 에스파냐 협력 아래 필리핀을 거쳐 대청 무역을 했고 그때 에스파냐산 은을 화폐로 썼다.** 그런데 대청 무역에서 적자가 계속되자 에스파냐산 은의 과도한 유출을 막기 위해 인도산 아편을 청나라에 대량으

....

* 1467년 오닌의 난을 시작으로 100년 넘게 이어진 일본의 분열기를 가리킨다. 지방의 강력한 다이묘들 사이에서 치열한 권력 전쟁이 벌어졌고, 1573년 오다 노부나가織田信長가 무로마치막부를 완전히 멸망시킬 때까지 혼란이 계속되었으며, 이후 도요토미 히데요시豊臣秀吉가 각 지방의 다이묘를 복속시켜 전국 통일을 이루었다. 도요토미 히데요시는 힘으로 누른 다이묘들의 반발을 외부로 돌리게 하려고 명나라 중심의 동아시아 정치적 질서에 도전하며 임진왜란을 일으킨다.

** 이 무렵 아메리카대륙의 에스파냐 식민지가 대부분 독립했지만, 에스파냐가 아메리카대륙에서 채굴한 은으로 주조한 은화는 이때까지도 국제무역에 대량으로 쓰였다.

로 밀수출했고, 그 결과 제1차 아편전쟁(1840~1842)이 발발했다. 이 전쟁에서 영국이 승리함으로써 서구 열강은 동아시아로의 제국주의적 침략 행보를 본격화했다.[14]

에스파냐 은은 유럽의 경제질서에도 큰 영향을 미치며 자본주의 발전에 주춧돌을 놓았다. 에스파냐를 통해 아메리카대륙의 은이 유럽에 대량으로 유입되면서 유럽의 은 가격이 폭락하고 물가가 폭등하는 가격혁명이 일어난다. 이는 가뜩이나 어려운 삶을 살았을 하층민의 고통을 가중하지만, 한편으로 근대 자본주의 발전을 견인한다. 은이 대폭 증가하면서 상업과 무역이 크게 활발해졌고, 그 결과 상업 및 무역 활동을 통한 이익도 눈에 띄게 커졌기 때문이다. 이는 자연스럽게 상업도시의 발달로도 이어졌을 뿐 아니라, 장원에서의 농업생산이나 지대를 경제적 수입원으로 삼던 봉건귀족의 경제력을 약화시킨다. 이로써 중세 유럽의 봉건 경제는 상업자본주의 경제로 한 걸음 나아갈 수 있었다.

동아시아와 달리 중세 후기부터 해상무역이 활발했던 서유럽에서는 은의 유통이 상공업과 무역 같은 경제활동은 물론 화폐경제 발전까지 촉진했다. 그러면서 원양 무역과 해상무역 네트워크의 확대도 더욱 탄력을 받는다. 이는 18세기 초반까지만 하더라도 그들보다 국력이 월등했던 데다 자본주의 맹아가 움트던 동아시아와 인도 등을 서유럽이 앞지르는 결과를 가져왔다. 또한 근대적 자본주의를 완성해 세계를 서구의 문명과 질서가 지배하는 공간으로 재편했다.[15]

근대적 자본주의의 초석을 마련한 에스파냐와 포르투갈은 16세기 후반부터 서서히 몰락하기 시작했다. 포르투갈은 직계 왕통이 끊기자, 에스파냐 펠리페 2세 Felipe II가 포르투갈 왕실과의 인척임을 구실로 포르투갈 왕위까지 겸임하면서 포르투갈을 에스파냐령 포르투갈 백국伯國으로 병합했다.

에스파냐는 해외에서 벌어온 막대한 돈으로 국내 산업을 육성하지 못하고 전반적 경제성장을 이루어내지 못했다. 게다가 왕실과 귀족층의 사치, 잦은 전쟁 등으로 국가재정을 소진한 데다 유럽 수위首位의 상공업지대였던 네덜란드가 독립을 선포하자 1567년부터 전쟁을 치르는 등 악재까지 겹쳤다. 에스파냐의 최전성기라 일컬어지는 펠리페 2세 재위기(1556~1598)에는 제노바의 은행들로부터 전체 GDP의 60퍼센트에 달하는 빚을 끌어 쓴 끝에 네 번이나 채무불이행(디폴트)을 선언했다.[16] 결국 17세기 중후반에 이르러 네덜란드, 잉글랜드와 같은 후발주자에 따라잡히고 프랑스와의 전쟁에서 연전연패한 끝에 유럽 제일의 강대국 지위에서 물러난다.

지리상의 발견으로 인한 에스파냐발 세계화는 그저 에스파냐의 '좋았던 한 시절' 수준이 아니었다. 오늘날의 세계화에 비견할 만큼은 아니더라도 선구적인 기축통화가 세계적으로 유통되면서 무역로를 따라 세계가 하나로 이어질 수 있었기에 자본주의의 주춧돌은 이때 놓인 셈이었다.

2장

네덜란드,

먼바다에서 불어온 신용경제의 바람

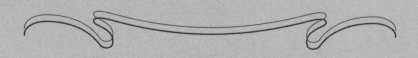

○
●
○

윌리엄 셰익스피어 William Shakespeare 의 희곡 《베니스의 상인》은 주인공 안토니오가 악질 고리대금업자 샤일록에게 진 거액의 빚을 갚지 못해 담보로 잡혔던 가슴의 살점을 도려내야 할 위기에 처했다가, 그 과정에서 피를 한 방울이라도 흘리면 안 된다는 명판결 덕분에 목숨을 구한다는 내용이다. 사실 안토니오는 상선단을 거느린 재력가인데 친구의 결혼 비용을 위해 돈을 빌렸다. 그런데 그의 상선단이 지중해에서 폭풍을 만나 전멸(극의 끝에서는 무사히 돌아오지만)한 바람에 기한 내에 돈을 갚지 못해 목숨을 빼앗길 위기에 놓인 것이었다. 이야기를 뒤집으면, 그 당시에는 안토니오 같은 재력가조차 해난 사고를 당하면 순식간에 전 재산을 잃고 빚쟁이로 전락해 쫓기는 신세가 된다는 의미다.

기축통화국의 지위를 획득하고도 과다한 부채를 감당하지 못해 몰락한 해양 제국 에스파냐의 운명은 빚 때문에 파멸할 뻔했던 안토니오와 닮았다. 그러나 그와 달리 에스파냐는 부채의 덫에서 끝끝내 빠져나오지 못했다. 하지만 에스파냐가 구축한 해상무역 네트워크는 자본의 증식을 불러일으킨 신용 혁신으로 그 구조가 한층 더 탄탄해지며 자본주의가 한 걸음 더 도약하는 데 일조한다. 신용 혁신을 가져온 주체는, 자본주의경제의 선배 격인 에스파냐 지배에 반기를 들며 80년에 걸쳐 치열한 독립전쟁을 불사한 상인들의 공화국, 네덜란드였다.

청어와 폭풍해일이
불러온 부의 재편

18세기 후반에서 19세기 '농업혁명'이라 불리는 농업기술 혁신이 일어나기 전까지는 생선이 유럽인의 식단을 지배했다.[17] 프랑스 부르봉왕조의 창시자이자 명군인 앙리 4세Henri IV가 모든 평민이 일요일마다 닭고기를 먹을 수 있는 살기 좋은 나라로 만들겠노라고 공언한 때는 16세기였다. 바꿔 말하면 당대만 하더라도 닭고기와 같은 육류는 서민적·대중적 식자재가 아니었다.

　게다가 그리스도교의 권위와 교리가 절대적이었던 중세에는 그리스도교 율법에 따라 육식을 금한 날이 많았다. 그런데 생선은 가축과 달리 목초지도 사료도 필요로 하지 않고, 정성껏 돌보고 기를 필요도 없다. 또한 육류보다 훨씬 저렴하며 단백질과 열량이 풍부하고 적당한 포만감도 준다. 더욱이 그리스도교는 생선 섭취를 장려하기까지 했다. 당연히 전근대 유럽인의 식탁 위에는 생선이 올라올 수밖에 없었다.

　지중해에 연하지 않은 알프스 북쪽 유럽에서는 대륙 서쪽에 펼쳐진 북대서양에서 잡히는 대구와 청어를 즐겨 먹었다. 상대적으로 가격이 저렴하고 어획량도 많은 청어는 알프스 이북 유럽인의 주식이었다. 그러니 그곳 사람들에게 청어를 잡고 염장·훈제하는 일은 막대한 경제적 이윤을 창출하는 알짜배기 산업이었다.

청어는 서식지를 옮겨 다니는 습성이 있다. 그러다 보니 당대에 청어 어장의 위치 변화는 유럽 국가들의 세력 판도를 바꿀 만큼 중대한 영향을 미쳤다. 근해에 청어 어장이 형성된 나라는 큰돈을 벌며 국력을 키울 수 있었고, 청어 어장이 사라지면 경제적으로 큰 손실을 보며 국력이 약해졌다.

프랑스와 독일 사이에 있는 해안 저지대의 드넓은 갯벌과 진펄을 간척하면서 오늘날 국토의 밑바탕을 그리던 11~13세기 네덜란드* 북해에 거대한 청어 어장이 형성되었다. 수해에 취약할 수밖에 없는 저지대인 국토를 풍요롭고 살기 좋은 땅으로 탈바꿈시켜야 할 과제에 직면했던 네덜란드인들에게 이는 마치 대규모 유전을 발견한 것에 비견할 만큼 엄청난 기회였다.

네덜란드인들은 바다의 은광과도 같은 청어잡이에 적극적으로 나섰다. 오늘날 국가들이 기간산업을 육성하는 것처럼, 제후들도 청어잡이와 청어 가공을 대대적으로 장려했다. 네덜란드인들은 청어 떼의 이동 경로를 따라 먼바다까지 나가 조업을 했다. 그러면서 효율적으로 청어를 잡고, 나아가 빨리 부패하는 청어를 선상에서 가공할 수 있는 설비를 갖춘 어선을 개발하기 시작한다. 북

....

*   네덜란드라는 지명 자체가 저지대라는 뜻이다.

그림 4 **청어를 담는 네덜란드 사람들**

청어는 중세 유럽 사람들이 즐겨 먹던 대중적 생선이었다. 청어 서식지가 발트해에서 북해로 바뀌면서 북해에 연한 네덜란드가 청어잡이로 큰돈을 벌었다.

해 주변에는 네덜란드뿐 아니라 영국, 덴마크, 독일 북부의 항구도시들도 자리했지만, 네덜란드가 가장 적극적·공격적으로 청어잡이와 가공산업에 뛰어들었다. 그 결과 네덜란드의 청어 어획량과 청어 가공품 생산량은 유럽 최고 수준에 도달했다. 그 덕분에 큰돈을 벌게 된 네덜란드는 유럽 변방의 간척지에서 부강한 산업 중심지로 거듭난다.[18] 훗날 해양 대국으로 도약하는 데 밑거름이 되는 조선술과 항해술에 관한 지식 역시 이때 축적되었다.

그러던 어느 날, 뜻하지 않은 자연재해로 네덜란드 청어 산업은 더욱 발전한다. 네덜란드 중북부에는 알메레Almere라고 불리는

커다란 호수가 있었는데, 그 주변은 저지대와 간척지에 둘러싸여 있었다. 그런데 성녀 루치아˚ 축일이기도 한 1287년 12월 13일, 북해에서 발생한 거대한 폭풍해일이 네덜란드를 덮쳤다. 폭풍해일이 빚어낸 성녀 루치아 홍수Sint-Luciavloed로 제방과 저지대는 초토화되었고, 수만 명이 목숨을 잃었다. 그리고 이때 호수 주변의 제방이 무너지고 저지대가 침수되면서 호수 알메레는 북해를 향해 개방된 커다란 만灣처럼 생긴 바다 자위데르해Zuiderzee로 변모했다. 자위데르해는 1932년 방조제인 아프슬라위트데이크Afsluitdijk의 완공으로 담수호인 에이설호IJsselmeer가 되었다.

막대한 피해를 가져온 성녀 루치아 홍수였지만, 그 결과로 생겨난 자위데르해는 일종의 거대한 천연 항구처럼 기능하며 네덜란드 어업과 해상무역을 크게 발전시켰다.[19] 특히 자위데르해 남서쪽에 있는 암스테르담은 이 홍수로 양항良港을 낀 항구도시가 된다. 그러면서 북해 청어 가공과 유통의 중심지로 탈바꿈하며 유럽 유수의 대도시로 거듭났다.[20] 그 덕분에 네덜란드는 북해 무역로를 따라 당대 유럽인의 주식이었던 훈제·염장 청어를 공급하면서 유럽에서도 손꼽힐 만큼 부유한 국가로 성장한다.

13~14세기 네덜란드는 청어 무역은 물론, 당대 첨단산업이라

....

*　　304년, 로마의 황제 디오클레티아누스Diocletianus의 박해를 받고 순교한 것으로 알려졌다. 지금도 성녀 루치아의 탄생과 순교를 기리는 기념행사가 열리는데, 로마 가톨릭 전례력典禮曆에 따라 매년 12월 13일 북유럽 각국에서 다양한 행사가 이루어진다.

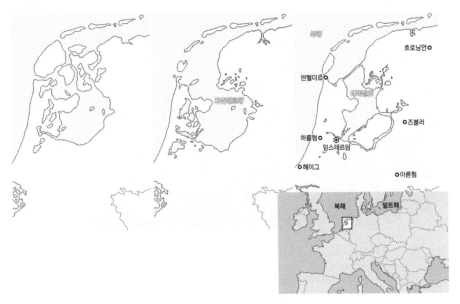

그림 5 네덜란드 지형 변천 과정

왼쪽은 루치아 홍수가 발생하기 전이고, 가운데는 그 이후 자위데르해가 생긴 모습이다. 네덜란드는 전 국토의 30퍼센트가 해수면보다 낮아 예부터 수해가 빈번했다. 13세기경부터 수해를 막기 위한 간척사업을 거듭해 오른쪽과 같은 영토를 이룬다.

불린 직물 생산에서도 두각을 드러내며 유럽의 상공업과 무역 중심지로 부상한다. 대양이 아닌 유럽 연근해 스케일이었을 뿐이지만, 이미 중세 후기부터 네덜란드는 유럽의 대표적인 해양 세력으로 성장해 있었다.

네덜란드 상인들은
왜 먼바다로 나갔을까?

청어잡이와 직물 산업으로 큰 부를 거머쥔 네덜란드는 평민의 발언권이 강해지고, 정치적으로 자유로운 분위기가 지배하는 땅으로 변모하기 시작했다. 당시 상공업이 발달한 지역에서는 대체로 이러한 사회적 분위기가 조성되었다. 상공업은 귀족들이 하는 일이 아니었고, 애초에 봉건귀족은 장원莊園을 거느린 지주 겸 제후이자 군인(기사)이었다. 명목상으로 네덜란드는 신성로마제국에 속해 봉건제후들의 지배를 받았으나, 유럽의 전통적인 정치 중심지와 동떨어져 있었다. 그 덕분에 네덜란드는 봉건제후나 기사에 예속되지 않은 채 독립적인 자치도시를 이룰 수 있었다. 물론 상공업의 발달로 강력한 경제력을 갖춘 것도 한몫했다.

　당시 에스파냐 왕위를 겸하며 제국의 중흥을 꾀하던 신성로마제국 황제 카를 5세Charles V가 1556년 에스파냐 왕위를 장남 펠리페 2세에게 물려주면서* 네덜란드는 지금의 벨기에, 룩셈부르크와 함께 '에스파냐령 네덜란드'가 되었다. 펠리페 2세는 재정난을 타개하기 위해 이곳에 무거운 세금을 부과했다. 게다가 오늘날 네덜란드인 에스파냐령 네덜란드 북부 7개 주에는 무역로를 따라 개신교가 유입되었는데, 종교개혁에 맞서 가톨릭 세계의 수호자 역할을 자처했던 에스파냐 왕실은 이들을 탄압했다.

결국 1567년 북부 7개 주가 독립을 선언했다. 그리고 에스파냐 군대를 상대로 선전한 끝에 1581년 '네덜란드공화국'을 선포했다. 네덜란드는 1648년[**]에 공식적으로 독립하지만, 실제로는 1581년부터 독립국 지위를 얻은 것이나 다름없었다. 하지만 네덜란드가 완전한 독립을 이루기 위해서는 여전히 유럽 수위의 강국이었던 에스파냐를 완전히 물리칠 힘을 얻고 부국강병을 실현해야만 했다.

네덜란드는 이를 실현하는 데 필요한 돈과 힘을, 선조들이 상공업의 기틀을 닦은 근해 너머의 대양에서 찾았다. 네덜란드 국경 너머로는 여전히 에스파냐 지배 아래 있는 에스파냐령 네덜란드의

....

[*]   신성로마제국 제위는 카를 5세의 동생 페르디난트 1세Ferdinand I가 물려받았다.

[**]   1517년 마르틴 루터Martin Luther가 종교개혁을 일으키면서 로마 가톨릭교회에 반발하는 프로테스탄트(신교)가 성립된다. 구교와 신교 간 갈등이 깊어지는 가운데 신성로마제국의 가톨릭을 중심으로 한 독일통일 정책에 대해 신교도인 대제후들이 반란을 일으킨 것을 시작으로 유럽 최후의 종교전쟁인 삼십년전쟁(1618~1648)이 일어난다. 이 전쟁은 여러 나라 간의 전쟁으로 번졌다가 베스트팔렌조약에 따라 프랑스의 승리로 끝이 났으며, 프랑스는 이후 피레네산맥과 라인강 일부까지 국경을 확장하고, 유럽에서 가장 강력한 군대를 보유한다. 또한 네덜란드와 스위스가 독립하고, 신성로마제국의 황제는 오스트리아 통치자에 불과한 존재로 전락하는 등 유럽의 정치 지형이 크게 바뀐다. 한편 독일의 신교는 구교와 동등한 권리를 획득한다.

나머지 영토뿐만 아니라 프랑스와 신성로마제국 같은 강국이 자리 잡고 있었다. 이미 해상무역에 잔뼈가 굵었던, 그리고 유럽대륙으로 확장을 기대하기는 어려웠을 네덜란드가 대양 진출을 결심한 것은 어쩌면 당연한 귀결이었을 터다.

다행히 독립 후의 네덜란드는 차츰 안정세로 접어들었다. 물론 네덜란드공화국이 지금과 같은 민주주의 제도를 온전히 갖춘 나라는 아니었다. '공화국'이었지만, 네덜란드 독립의 영웅이자 초대 총독인 오라녜 공 빌럼Willem van Oranje의 후손들이 총독직을 세습했다. 그러나 형식적이더라도 오라녜 가문은 총독 취임에 앞서 각 주의 동의를 받아야 했다. 또 지배층의 특권을 제한함으로써 다른 유럽 국가들보다 귀족층의 횡포가 발호할 수 없었다. 그 결과 자유롭게 상공업에 종사하면서 납세의 의무를 지는 평민의 유입이 늘어났고, 이들이 청어 산업으로 많은 돈을 벌면서 세수 또한 자연스럽게 확대되었다.

이는 네덜란드가 영토나 인구 규모에 비해 더한층 조직적 경제성장을 이룩하고 대규모 해상무역 네트워크가 괄목할 만한 성장을 이루는 데도 큰 힘을 실어주었다. 그 덕분에 네덜란드는 공화국을 선포한 지 얼마 되지도 않은, 그리고 여전히 에스파냐와 독립전쟁을 이어가던 16세기 말에 해상무역 네트워크의 새로운 강자로 대두했다. 네덜란드 상선단은 1580년대에 아프리카와 아메리카대륙으로, 1590년대에는 아시아에 진출했다.

하지만 해상무역 네트워크에서 네덜란드가 몸집을 키울수록 경제적 부담과 위험성도 커졌다. 이러한 문제는 네덜란드가 1590년 대 아시아에 본격적으로 진출하면서 크게 불거졌다. 아시아 항해 는 카리브해나 아프리카 항해보다 시간과 비용이 두 배에서 네 배 들었고, 1600년 전후 기준으로 아시아로 항해하는 네덜란드 선박 의 20퍼센트 이상이 여러 이유로 침몰하곤 했다.[21] 네덜란드는 강 력한 잠재력을 가진 나라였지만 국가 규모 자체는 대국이라 하기 에 역부족했고, 공식적으로 완전히 독립하지도 못한 신흥 세력이 었다.

세계 최초의 주식거래소 탄생

이즈음 네덜란드에서는 주식, 보증금, 채권 같은 신용거래가 활성 화하기 시작했다. 신용거래 자체는 15세기부터 이루어졌으나 불 편하고 수요도 적어 그동안 상용화되지 못했다. 하지만 네덜란드 에서 이 같은 신용거래는 큰 인기를 얻었다. 원양 무역에 필요한 막대한 자금을 비교적 안전하면서도 효율적으로 마련할 수 있었 기 때문이다. 그리고 무엇보다 투자자로서도 투자금을 떼일 부담 을 줄이면서 일이 잘되면 배당금까지 받아 큰 이익을 낼 수 있는 일종의 윈윈게임 같은 이점이 있었다.

그런 상황에서 1602년, 암스테르담에 네덜란드 동인도회사

Vereenigde Oostindesche Compagnie, VOC가 문을 열었다. 아시아에 식민지를 건설하고 아시아와 유럽을 잇는 해상무역 네트워크를 효과적으로 관리하고 확장하기 위한 식민회사였다.

일개 회사가 일국의 해상무역 네트워크를 관리하고 해외 식민지를 통치한다는 점이 이상하게 여겨질 것이다. 하지만 당시 유럽 국가들의 행정력이나 인적·경제적 동원 능력은 식민지를 개척하고 경영하며 원양 무역을 완전히 통제할 만한 수준이 아니었다. 물론 포르투갈처럼 국가 주도로 무역 거점을 건설하고 아시아 국가들과 무역을 하는 경우[22]도 있었다. 그렇지만 포르투갈보다 더 강대한 해양 제국을 세웠던 에스파냐만 하더라도 왕실이 식민지와 해상무역 네트워크 건설을 오롯이 주도한 게 아니었다. 콜럼버스의 항해는 에스파냐 왕실이 대규모 자금을 후원한 장기 프로젝트와는 거리가 멀었고, 콜럼버스가 1차 항해에서 인솔한 선단의 규모 역시 일국, 그것도 강대국의 것이라고 하기에는 초라했다. 콩키스타도르는 에스파냐 정규군이 아니라 일확천금을 노린 모험가, 엄밀히 말하면 무뢰배 집단에 가까웠다. 에스파냐 왕실이 누에바 에스파냐 '부왕령'을 철저하게 관리·통치한 것도 아니었다.

이런 점에서 VOC는 태생부터 혁신적이었다. 이즈음에는 16세기 때처럼 새로운 거대한 대륙을 발견한다든지 불과 수백 명의 병력으로 대제국을 정복하고 막대한 양의 은을 얻는 등의 요행을 기대하기 어려워졌다. 그런 상황에서 해외시장을 개척하려면 막대한 자본이 필요했는데, 민간자본이 주축이 된 VOC는 좋은 대안

그림 6 인도네시아 자카르타에 있던 VOC 상관

기존의 여섯 개 회사가 합병해 1602년 3월에 '연합 동인도회사'가 탄생했다. 네덜란드 정부는 이 회사에 특허장을 부여해 네덜란드와 동인도 사이의 희망봉 경유 무역을 21년간 '독점'하도록 허가해 주었다.

이었다. 나아가 VOC는 네덜란드가 새로운 해상무역 네트워크를 효율적·체계적으로 구축하고 운영할 힘을 실어주었다.

사실 세계 최초의 식민회사는 영국 동인도회사East India Company, EIC로, VOC는 그보다 2년 늦게 문을 열었다. 하지만 VOC야말로 식민회사의 선구라 할 만하다. 17세기 초반 잉글랜드왕국*이 국교

....

* 영국 본토, 즉 그레이트브리튼은 1707년까지 남쪽 잉글랜드왕국과 북쪽 스코틀랜드

회인 성공회와 여전히 세력이 만만찮았던 가톨릭교회, 그리고 급진적인 청교도 간의 종교갈등[*]으로 혼란에 빠진 바람에, EIC는 체제 정비와 혁신이 늦었다. 게다가 VOC 성과에 고무받은 유럽 각국은 VOC를 본뜬 식민회사를 설립했다. 동남아시아 향료 무역에 동참하고 아메리카에서의 무역과 식민지 확보를 목적으로 로열 아프리카 컴퍼니Royal African Company, RAC, 허드슨베이 컴퍼니Hudson's Bay Company 등이 대표적이다. 영국은 EIC를 통해 인도 진출(침략)을 2세기 가까이 유지하다가 무굴제국(인도)이 완전히 멸망한 다음 해인 1858년에야 EIC를 해산하고 인도를 영국 직할 식민지로 삼는다. 결과적으로 VOC는 2세기 넘게 그 효용가치를 이어간 원양 무역과 해외 영토 획득의 방향을 제시한 일대 혁신을 이룩한

왕국으로 나누어져 있었다. 그러다 이해에 잉글랜드왕국이 스코틀랜드왕국을 흡수하다시피 병합하면서 그레이트브리튼왕국Kingdom of Great Britain이 탄생했다. 그레이트브리튼왕국은 1801년 아일랜드왕국을 병합했다. 1937년, 아일랜드가 독립한 뒤에도 영국은 지금까지 북아일랜드 영토를 점유하고 있다. 영국의 공식 명칭이 'United Kingdom of Great Britain and North Ireland(그레이트브리튼 및 북아일랜드 연합왕국)'인 까닭도 이 때문이다. 따라서 이 책에서는 1707년을 기준으로 이전은 잉글랜드, 그 이후는 영국으로 표기함을 밝혀둔다.

[*]   잉글랜드왕국은 다른 유럽 국가들처럼 전통적으로 가톨릭을 신봉했다. 하지만 헨리 8세 Henry VIII가 합스부르크왕가의 내정 간섭을 피하고자 왕비와의 이혼을 빌미로 교황청과 절연하고 잉글랜드 왕실을 수장으로 하는 개신교 교파인 성공회(국교회)를 세웠다. 그래서 성공회 수립을 종교개혁에 포함하기도 하지만 다분히 정치적 목적으로 이루어졌기 때문에 교리나 의전 등은 가톨릭과 차이가 없다. 당대로서는 보수적 색채가 짙어 좀 더 강력한 종교개혁을 원한 영국 내 개신교도는 칼뱅파를 받아들였고, 영국 내 칼뱅파를 청교도라 칭한다. 청교도와 성공회의 대립은 청교도혁명이라 불리는 잉글랜드내전(1642~1651)으로 비화했다. 이동민, 《발밑의 세계사》, 위즈덤하우스, pp. 344-345, 2023b.

셈이었다. 물론 이들의 활동은 '식민'회사라는 이름처럼, 제국주의와 식민주의, 침략과 착취로 이어진 측면도 다분하지만 말이다.

설립 직후부터 투자금을 뛰어넘는 이윤을 창출하며 성장하던 VOC는 1620년대에 기존의 신용거래와 차별화되는 금융혁신을 이룩하며 세계 최대 규모의 회사로 성장한다. 양도 가능한 주식, 고정자본[*], 유한책임[**]이라는 체제를 갖춘 세계 최초의 근대적 주식회사로 거듭났으며,[23][24] 위기에 대처할 수 있게 보험을 적극적으로 도입했다.[25] 이는 기존 채권이나 주식, 보증금 등과도 질적으로 차별화되는 신용 혁신이었다. VOC의 주식은 기존과 다르게 양도양수가 가능해지면서 자유롭고 손쉽게 거래할 수 있게 되었다. 그 결과 VOC의 주식은 단순히 돈을 불릴 수 있는 보증서나 채권을 넘어 교환가치가 높은 자산으로 큰 인기를 끌었다. 이에 따라 네덜란드인들은 더욱더 적극적으로 VOC의 주식을 사들였다. 다양한 금융 안전장치가 마련되어 있어서 설령 회사가 잘못되더라도 주주가 입을 금전적 피해는 최소화되었기 때문이다.

무역 독점권으로 막대한 이윤을 창출한 VOC는 정부로부터 군대 편성 같은 군사적 권한도 위임받았다. 그 덕분에 VOC는 대

....

[*] 장기간 쓰이는 생산수단이나 설비에 투입되는 자본으로, 생산 그 자체에 쓰이는 자본인 유동자본과 대비되는 개념이며 생산수단 등의 내구성이 다할 때까지 장기간 유지·사용되는 특징을 가진다.

[**] 회사가 파산할 경우, 투자자가 자신이 투자한 몫만큼만 책임을 지게 하는 제도다.

규모 자체 병력과 함대를 앞세워 1619년 인도네시아를 네덜란드령 바타비아라는 식민지로 삼는 성과까지 거두었다. 네덜란드 정부는 VOC 활약에 힘입어 1621년 대서양 무역을 주관할 서인도회사Geoctroyeerde West-Indische Compagnie, WIC 를 세웠다. 네덜란드 서인도회사는 카리브해 일대에 네덜란드령 카리브 식민지를 확보하고 오늘날 미국 뉴욕시인 니우암스테르담Nieuw Amsterdam 을 세웠다. 게다가 일시적이었지만 포르투갈령 브라질의 상당 부분을 빼앗아 네덜란드령 브라질로 삼았다. 1636년에는 그리스도교 선교를 하지 않는다는 조건으로 쇄국정책을 고수하던 일본과의 교역 독점권도 얻었다.

이렇듯 VOC는 에스파냐, 포르투갈보다도 효율적으로 해상무역 네트워크를 구축하고 운영하며 이를 통한 이윤을 더 많은 이윤으로 재창출할 힘을 네덜란드에 가져다주었다. 그 결과 네덜란드는 17세기 중반에 이르러 명실상부한 세계 해상무역 네트워크의 새로운 지배자로 자리매김한다.

신용의 탄생,
빚도 재산이 되다

VOC를 축으로 자국 중심의 해상무역 네트워크를 구축한 네덜란드 자본주의는 서구 경제에 혁명적인 변화를 가져온다. 17세기 중

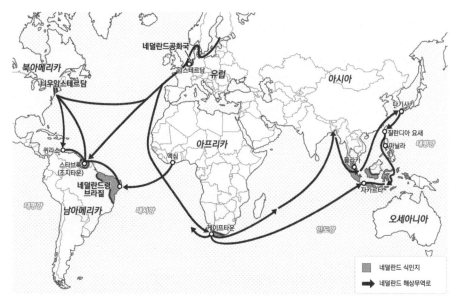

그림 7 17세기 중반 네덜란드가 구축한 해상무역 네트워크

VOC는 향신료 무역을 독점하기 위해 EIC와 경쟁을 벌였고, 결국 전투에서 승리한 뒤 1619년 반튼왕국 내의 항구도시 자카르타를 점령해 '바타비아Batavia'라고 이름 붙였다. 이후 동남아시아 무역의 패권은 믈라카에 거점을 두었던 포르투갈에서 바타비아에 거점을 둔 네덜란드로 옮겨갔다. 향신료를 독점한 네덜란드는 아프리카 희망봉에서 아시아 타이완에 이르는 광범위한 지역에 걸쳐 무역 거점을 건설하기 위해 생산지를 식민지화하는 데 몰두했다.

반에 이르면 해상무역 네트워크는 단순히 대양과 대륙이 귀금속과 사치품을 거래하고 무역하는 공간을 넘어 신용과 금융이 무역과 경제활동을 주도하게끔 만드는 공간으로 거듭났다. 그러면서 상업자본주의는 한 걸음 더 성숙했고, VOC가 대양을 누비며 일군 신용경제와 금융경제에서 오늘날 자본주의경제의 모습이 태동했다.

16세기 네덜란드에서는 증권 거래가 이루어지는 시장인 2차 시장secondary market이 빠른 속도로 발달했다.[26] 보험업의 발달은 2차 시장 형성에 따른 네덜란드 경제의 유연성과 규모 확대를 더한층 촉진했다. VOC의 혁신이 불러온 이 같은 시장과 경제의 변혁을 '재정혁명financial revolution'이라고 부른다.[27]

왜 '혁명'이라는 말이 붙었을까? 돈의 흐름과 가치, 가능성을 획기적으로 바꾸었기 때문이다. 재정혁명 이전에 자본이란 현금과 현물이었고 신용거래는 샤일록 같은 고리대금업자보다 안전하고 이자가 저렴한 은행에서 자본을 빌리거나 이자를 배당금으로 받는 정도였다. 시장에서 유통되는 돈은 현금에 배당금을 더한 정도를 넘기 힘들었다. 예금액을 다른 데 투자해서 자본을 불려 가는 식의 활동이 미비했으니, 금융업이 돈을 맡아두는 수준을 넘어 더 많은 자본을 창출하는 결과로 이어지기를 기대하기는 어려웠다. 왕실이나 정부도 현금이나 현물 보유액 이상의 돈을 끌어들이기에는 당연히 어려웠다. 대규모 대출은 패가망신이나 망국의 위험성을 키울 수밖에 없었다.

그림 8 **1612년에 문을 연 암스테르담 증권거래소**

당시 네덜란드 경제를 떠받들던 기둥이었다. 이곳을 통해 증권거래, 공매도, 선도先渡와 선물先物 같은 근대 금융 행위가 급속도로 발달했다.

    그런데 2차 시장이 발달하면서 상황이 달라졌다. 증권시장이 경제의 중요한 축으로 자리 잡으면서 증권은 거래명세서나 차용증 수준을 넘어 부가가치가 높은 교환수단으로 부상했다. 증권이 경제의 핵심을 이루면서 돈은 현물이 아닌 숫자로 변모하기 시작했다. 이는 많은 자금을 더 효율적으로 동원하고 운용할 수 있음을 뜻했다. 잃어버리거나 강탈당하면 되찾을 길이 막막한 현금이나 귀금속 등에 비해 증권은 많은 돈을 안전하면서도 효율적으로 운용할 수 있도록 해주었다. 게다가 증권은 엄연히 제도화된 공식

문서이므로 신뢰성도 높았다.

물론 주식과 증권이 무에서 유를 창조하는 마법의 항아리는 아니었다. 작정하고 돈을 떼먹는다든지 변제능력을 넘어선 거액의 주식투자를 하다가 일이 잘못되어 종적을 감추는 투자자나 채무자라도 나온다면, 은행·주식회사·증권거래소 등은 막심한 손실을 볼 수밖에 없었다. 그러면서 신용, 즉 대출금을 상환할 수 있는 능력은 현금 이상으로 중요한 경제적 가치를 갖게 되었다. 신용이 견실하면 많은 돈을 저리로 대출받을 수 있었고, 그렇게 대출받은 돈으로 인프라 건설이나 주식투자 등에 써서 더 많은 부를 축적하고 경제의 규모를 키울 수 있었다.

해상무역 네트워크의 성숙과 확대라는 세계가 '빚도 재산이 되는' 시대의 막을 열면서, 유럽 각국의 상공업자와 기업, 정부는 전보다 훨씬 많은 돈을 유연하게 운용하고 투자하며 경제 규모와 운용 능력을 획기적으로 끌어올릴 힘을 얻었다. 신용등급이 절대적으로 중요하고 대출을 잘 받아 운용하면 경제발전, 인프라 구축, 사업 번창, 내 집 마련 등의 꿈을 이룰 수 있는 신용 사회는 네덜란드 상선단이 태평양과 대서양을 누비던 17세기에 이미 뿌리를 내렸다고 볼 수 있다.

그렇다고 17세기를 자본주의가 완전히 무르익었던 시대라고 보기는 어렵다. 유럽의 경제는 여전히 중상주의, 즉 본격적인 시장경제보다는 보호무역과 식민지 착취에 바탕을 둔 전근대적인 무역 활동을 통해 유지·발전하는 경제체제로부터 완전히 벗어나지 못했다.[28] 하지만 17세기 초중반 네덜란드의 재정혁명은 자본의 순환을 촉진함은 물론 자본이 자본을 창출·재창출할 수 있는 장치를 마련함으로써 유럽, 나아가 세계가 자본주의경제로 나아갈 수 있는 중요한 단초가 되었다.

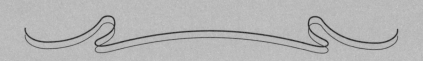

3장

영국,

재정혁명을 산업혁명으로 이끈
섬나라의 힘

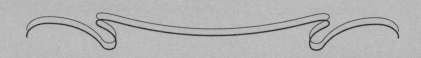

○
●
○

한때 '해가 지지 않는 나라'라 불린 영국은 그레이트브리튼과 부속도서, 그리고 북아일랜드로 이루어진 섬나라다. 이 가운데 북아일랜드는 영국의 주류 민족과는 역사적·문화적으로 이질성이 강한 영역이다. 애초에 아일랜드는 독립적인 국가였으나 1541년 헨리 8세가 아일랜드 국왕을 자처하면서부터 1921년까지 영국의 지배를 받았고, 북아일랜드는 종교적 문제 등으로 그 뒤에도 영국령으로 잔류했다. 그리고 부속도서는 규모 자체가 작아 지도에서 점으로 찍을 만큼이니 사실상 영국이라고 하면 그레이트브리튼을 가리킨다.

그레이트브리튼은 크게 잉글랜드, 스코틀랜드, 웨일스 세 영역으로 나뉜다. 이 중에서 잉글랜드가 면적도 가장 넓거니와 나머지 두 지역보다 인구도 월등히 많으며 정치적·경제적·사회적·문화적 영향력 또한 압도적이다. 우리가 아는 영국, 즉 그레이트브리튼연합왕국United Kingdom of Great Britain*은 1707년 잉글랜드왕국이

....

* 오늘날 영국의 공식 명칭은 '그레이트브리튼과 북아일랜드 연합왕국United Kingdom of Great Britain and Northern Ireland'이다. 영국 영토에서 아일랜드의 영역이나 위상 등에 변화가 이루어지다 보니, 명칭도 그에 따라 바뀌었다.

그림 9 1600년 유럽 지도와 잉글랜드 영토

오늘날 우리가 영국 하면 떠올리는 나라는 1707년에 잉글랜드와 스코틀랜드, 웨일스가 통합하면서 탄생했다. 유럽 변방 섬나라에 불과했던 잉글랜드는 튜더 시대(1485~1603)부터 바다로의 진출을 통한 영토 확장에 적극적으로 나섰다. 그 과정에서 17세기 중반 유럽의 강대국이었던 네덜란드와 세 차례에 걸쳐 충돌하는데, 잉글랜드가 사실상 승리를 거머쥐면서 제해권을 차지한다. 이때부터 잉글랜드는 해양 강국으로 발돋움하며 대영제국의 역사를 써 내려갔다.

스코틀랜드와 웨일스를 공식적으로 통합하면서 탄생했으므로 그 전의 영국은 잉글랜드왕국이라 부르는 것이 정확하다.

잉글랜드왕국, 그리고 영국*은 바다라는 천연 요새를 가졌다. 그레이트브리튼은 유럽대륙과 도버해협을 사이에 두고 떨어져 있어, 고대부터 외세의 대대적인 침략을 매우 효과적으로 방어할 수 있었다. 영국은 대대로, 맹위를 떨치던 에스파냐 펠리페 2세, 프랑스 루이 14세Louis XIV와 보나파르트 나폴레옹Bonaparte Napoléon, 그리고 나치독일 등에 국토를 짓밟히지 않은 것은 물론이거니와 결국에는 그들과의 경쟁에서 승리까지 거머쥐었다.

영국은 섬나라여서 유럽대륙의 다른 나라들과 달리 막대한 비용을 들여 대규모 육군을 유지할 필요가 없었다. 상대적으로 소규모의 상비군을 운영해도 되었으므로 과도한 군비경쟁에서 비교적 자유로울 수 있었고, 오히려 많은 인구가 노동과 생산 활동에 종사하며 세금을 내니 세수 확보에도 유리했다. 그런 영국이 다른 유럽 국가들보다 한층 내실 있는 경제성장과 국력 신장을 이루는 것은 당연했다.

그렇다고 해서 영국이 유럽대륙으로부터 완전히 고립되어 있던 것도 아니었다. 도버해협 가장 좁은 곳의 폭은 34킬로미터 정도다. 이러한 지리적 조건은 외세의 침략으로부터 영국을 안전하

....

*   앞서 언급했듯이 1707년을 기준으로 이전은 잉글랜드, 그 이후는 영국으로 표기함을 밝혀둔다.

게 지켜주는 동시에 유럽의 다른 지역과 활발하게 교류하고 무역을 이어갈 수 있는 땅으로 만들어 주었다. 대개 지리적으로 방어하기에 유리한 곳은 교통이 불편하고, 교통이 편리하면 그만큼 방어하는 데 불리한 경우가 많은데, 그런 점에서 영국은 천혜의 자연환경을 부여받은 셈이다.

이 같은 지리적 이점을 바탕으로 내실을 다져나간 영국은 네덜란드에서 시작된 재정혁명을 이어받아 17세기 후반에서 18세기에 완성해 냈다. 그리고 18세기에는 국력 면에서 월등했던 프랑스를 제치고 서구 세계의 패권을 장악하더니 18세기 후반에는 산업혁명을 일으켜 역사상 최초의 본격 자본주의인 산업자본주의의 서막을 열어젖힌다.

조세제도 개혁으로
해상무역 패권을 잡다

유럽 북동쪽에 자리 잡은 그레이트브리튼은 21만 제곱킬로미터 정도로 결코 작지 않다. 한반도 전체 면적이 23만 제곱킬로미터 조금 못 미치는 수준임을 떠올리면 이해하기 쉬울 것이다.

그레이트브리튼은 비옥한 토지를 가졌고 유럽대륙과도 가깝다. 남쪽에 자리한 잉글랜드는 비옥한 평야가 발달한 데다가 기후도 온화해 선사시대 때부터 사람들이 문명을 이루며 살아갔다. 기원후 1

세기 중후반에는 로마 속주로 편입되어 브리타니아Britannia라는 이름을 부여받은 뒤 로마의 선진 문물을 대대적으로 받아들였다. 이후 11세기를 전후해 잉글랜드왕국은 대륙의 국가들이 무시하기 힘든 강국으로 발돋움했다.

잉글랜드가 상공업 강국으로 발돋움할 수 있었던 이유 중 하나는 네덜란드와 마찬가지로 일찍부터 평민 상공업자들의 발언권이 강했기 때문이다. 1215년, 실지왕 존John Lackland의 실정과 폭정에 분노한 귀족들은 평민들과 함께 반란을 일으켜 왕에게 왕권의 제한과 자유민의 권리 보장 등을 골자로 하는 대헌장〈마그나카르타〉의 서명을 받아냈다. 그로 인해 법률적 권리를 쟁취하게 된 평민, 그중에서도 상공업에 종사하며 상당한 부를 축적한 이들은 의회에서 서민원(영국 하원의 전신) 의석을 보장받는 등 유럽대륙 다른 군주국들 평민보다 높은 사회적 지위와 발언권을 얻게 되었다. 더욱이 잉글랜드에서는 오직 장남만이 귀족 작위를 세습받을 수 있었으므로 면세혜택을 누리는 귀족의 과다한 증가도 막을 수 있었다. 게다가 작위를 세습받지는 못했지만, 교육 수준이 높고 유산도 물려받은 귀족 출신자 중 다수가 상공업에 종사함에 따라 경제와 상공업이 발전할 수 있는 기반은 더한층 탄탄해졌다.

정치적 안정을 이룬 잉글랜드는 16세기부터 대양에 진출하기 시작했다. 처음에는 정부로부터 적국 선박의 약탈 허가를 받은 해적인 사략선들이 에스파냐 무역선을 약탈하며 대양에 뛰어들었다. 그러다가 1600년에 동인도회사(이하 EIC)를 세우며 해외 식민지 확보와 해상무역 네트워크 구축에 본격적으로 나섰다. 하지만 16세기 초반에는 네덜란드에 주도권을 내줄 수밖에 없었다. 영국국교회, 즉 성공회와 청교도 간의 갈등이 잉글랜드내전(1642~1651)으로 비화할 정도로 치달았기 때문이다. 그 사이에 네덜란드가 에스파냐 해군에 큰 타격까지 입히면서 유럽 제일의 해상 강국으로 대두해 있었다.

잉글랜드는 네덜란드를 따라잡기 위해 1651년 자국으로 들어오는 수입품을 상품 생산국 또는 자국 선적의 선박에만 싣도록 강제하는 항해조례를 발표하는 등 적극적인 견제 정책을 펼쳤다. 그 결과 두 차례에 걸쳐 영국·네덜란드전쟁(제1차 1652~1654, 제2차 1665~1667)이 발발했다. 잉글랜드는 네덜란드로부터 뉴암스테르담('뉴욕'으로 개칭함)을 빼앗는 성과를 이루기도 했지만, 거듭된 해전에서 여러 차례 패하며 심각한 경제적·군사적 손실을 입는다.

하지만 17세기 후반 프랑스가 대대적인 팽창 정책을 펼치면서 잉글랜드와 네덜란드의 운명이 완전히 뒤바뀐다. 유럽 최강국으로 네덜란드보다 모든 것이 월등했던 프랑스가 육군을 동원해 네덜란드를 침공한 것이다. 설상가상으로 두 나라 사이에는 별다른 천연 장애물도 없었다. 네덜란드는 프랑스의 침공을 간신히 막아냈지만, 국토 대부분이 초토화되었고 국력과 경제력에 치명타를 입었다.

네덜란드가 전후 복구에 힘쓸 동안 잉글랜드는 1688년에 일어난 명예혁명으로 메리 2세Mary II가 국왕으로 즉위했고, 프랑스를 견제하기 위해 메리 2세와 정략결혼한 네덜란드 총독 빌럼 3세

Willem III van Oranje는 공동 국왕, 윌리엄 3세William III가 되었다. 이는 가뜩이나 프랑스와의 전쟁으로 벌어져 가던 잉글랜드와 네덜란드의 격차에 쐐기를 박았다.

윌리엄 3세는 나라를 효과적으로 통치하고 자본주의 국가로 나아가기 위해 당대 가장 선진적인 네덜란드 경제 시스템을 잉글랜드에 이식했다. 이는 단순히 시스템을 이식하는 수준이 아니었다. 잉글랜드는 네덜란드 재정혁명 유산에 이전과는 비교할 수 없을 만큼 효율적이고 건전하게 재정을 확보할 수 있는 제도적 장치를 더했다. 즉, 잉글랜드의 재정혁명은 금융업과 신용이 경제활동의 주체로 올라서는 수준을 넘어 국가가 이전보다 훨씬 효과적·안정적으로 재정을 확보하고 국가 신용등급을 눈에 띄게 향상할 힘까지 마련해 주었다. 그 덕분에 오랜 내분과 내전에 시달린 잉글랜드는 재정 운용과 경제구조의 혁신을 이룰 수 있었다.[29]

잉글랜드의 첫 번째 제도적 장치는 조세제도 개혁이었다.[30] 전근대에는 인두세·토지세처럼 원시적인 직접세 형태로 세수稅收를 확보했다. 직접세는 거두기 편하지만, 인두세의 경우 부자나 빈민 모두에게 같은 세금을 매기므로 형평성에 문제가 있고, 토지세 경우에는 토지대장이나 산출량을 조작하기 쉽다.

하지만 재화, 인프라 가격 등에 일정 비율 포함되는 세금인 간접세는 이런 문제에서 상대적으로 자유롭다. 사람들이 재화를 구입하거나 인프라를 이용하면 자동적으로 세금을 내는 방식이기 때문이다. 그래서 재화와 인프라를 많이 사용하는 부자나 특권층이 더 많은 세금을 낼 수밖에 없다. 게다가 재화의 유통이나 인프라를 개인이나 특정 가문이 완전히 장악할 수는 없으므로 이를 이용한 탈세도 방지할 수 있다. 이는 명예혁명으로 의회가 왕실과 귀족층을 확실하게 견제할 힘을 얻었기 때문에 가능했다.

두 번째 제도적 장치는 1694년에 잉글랜드은행이 선구적으로 발행한 국채였다. 국가가 재원 조달을 목적으로 증세하면, 당연히 국민의 반발을 살 수밖에 없다. 심하면 민중 봉기나 반란, 혁명으로 이어질 수도 있다. 그렇다고 지레 겁먹어 다른 나라로부터 돈을 빌리는 일도 절대로 쉬운 일이 아니다. 대출을 받으면 이자가 발생하고, 무리한 차관은 외교문제 또는 외국 정부나 금융기관의 내정 간섭을 불러올 위험성도 있다.

그런데 국채는 국가가 국민을 대상으로 발행하는 채권이므로 그런 위험성이나 문제점에서 상당 부분 자유롭다. 국채는 국가가 공식적으로 발행하는 데다 엄연한 금융상품이니 정부는 국민의 반발 없이 효과적으로 재정을 확보할 수 있다. 그리고 국민은 믿을 수 있는 금융상품인 국채를 매입함으로써 이자 수입은 물론, 일이 잘 풀리면 많은 투자 이익까지 거둘 수 있다. 한마디로 정부는 국민의 조세 저항 없이 재정을 확보할 수 있고, 국민은 국채를 매입해 재산 증식까지 할 수 있으므로 윈윈전략인 셈이다. 국채를 통해 국민의 소득수준이 증가하면 국가경제가 살아나고 세수까지 증가하므로 국가재정도 더한층 풍부해지고 건전해지는 일거양득의 효과까지 기대할 수 있다.

그림 10 잉글랜드은행 설립의 근거가 된 〈잉글랜드은행 헌장〉 체결(1694) 장면

잉글랜드은행은 1694년에 다량의 공채公債를 발행하기 위해 설립되었다. 정부는 공채를 팔아 재원을 조달했으며, 이 자본은 영국이 초강대국 반열에 오르는 데 쓰였다.

　　이 같은 제도적 장치 덕분에 네덜란드에서 기초가 다져진 재정혁명은 바다 건너 섬나라에서 한층 진화해 잉글랜드의 경제와 재정은 이전보다도 훨씬 튼튼해지고 견실해졌다. 게다가 재정을 안정적으로 운용할 역량이 커지니 잉글랜드의 신용등급 또한 획기적으로 상향되었다. 그 결과 잉글랜드는 상업자본주의 세계를 주도할 위치에 더한층 가까이 다가설 수 있었다.

칠년전쟁,
재정혁명의 마지막 퍼즐을 맞추다

18세기에 접어들어 잉글랜드는 스코틀랜드를 완전히 병합하며 영국으로 거듭난다. 영국은 북아메리카에 광대한 식민지를 건설하고 EIC를 통해 인도 북동부 캘커타Calcutta, 즉 오늘날 인도 콜카타 일대에 진출하는 등 영토와 세력을 크게 확장한다.

하지만 영국 앞에는 프랑스라는 강력한 적이 버티고 있었다. 18세기 프랑스 인구는 영국의 세 배, 경제 규모는 두 배에 달했으며,[31] 세계 각지에 해상무역로를 개척하고 식민지를 확보한 대국이었다. 프랑스령 북아메리카인 누벨프랑스Nouvelle-France(새로운 프랑스라는 뜻)는 영국령 북아메리카보다 면적이 넓었고, 프랑스 동인도회사는 인도 해안 각지에 상관商館과 식민도시를 세울 만큼 세계 곳곳에 영향력을 행사하고 있었다. 한 세기 전 네덜란드가 그랬듯이, 영국도 결국에는 자국을 압도하는 국력을 자랑하던 프랑스에 해상무역 주도권을 넘겨줄 수밖에 없는 상황이었다.

그러나 결과는 그 반대였다. 유럽 강국들이 패권을 놓고 세계 각지에서 싸움을 이어간 칠년전쟁(1756~1763)에서 프로이센, 포르투갈 등과 동맹을 맺었던 영국은 합스부르크제국, 러시아, 에스파냐, 스웨덴 등 당대 강력한 나라들을 동맹국으로 둔 프랑스를 상대로 승리를 거두고 퀘벡을 비롯한 상당수 프랑스의 해외 영토를 얻어냈다. 어떻게 이런 일이 가능했을까.

그 힘은 영국에서 완성된 재정혁명에서 나왔다. 영국은 간접세와 국채 덕분에 효율적이면서도 안정적으로 세수를 확보할 수 있었으며, 16세기 후반 에스파냐처럼 막무가내식의 채무불이행을 저지를 위험도 적었다. 게다가 의회정치가 확고하게 자리 잡은 덕택에 왕실이나 귀족층이 무분별한 사치나 무리한 전쟁을 벌일 일도 없었다. 재정이 건전한 데다 빚을 떼일 위험성이 낮았던 영국 정부는 다른 유럽 국가보다 신용도가 훨씬 높았고 그 덕분에 비교적 적은 이자로 막대한 전비戰費를 빌려 쓸 수 있었다.[32]

섬나라 영국은 강력한 해군을 보유했는데, 이러한 장점이 칠년전쟁에서 빛을 발했다. 한 세기 전의 네덜란드와 달리 영국은 유럽 대륙과 떨어져 있었으므로 프랑스와 그 동맹국의 침공을 피할 수 있었고, 지상전은 동맹국이자 신흥 군사 대국인 프로이센이 승리를 거두면서 영국에 힘을 실어주었다. 그 덕분에 영국은 해전과 식민지 쟁탈전에만 전념할 수 있었다.

칠년전쟁 당시 영국은 GNP의 두 배나 되는 부채를 졌지만, 전비 부담으로 인한 정치적·경제적·사회적 부작용은 자국 GNP 절반 수준의 부채를 끌어 쓴 프랑스에서 훨씬 심하게 불거졌다.[33] 양국의 신용도 차이는 영국이 가진 군사적·지리적 이점과 맞물리면서 국력과 경제력, 군사력의 열세를 극복하고 영국이 승리할 수 있는 요인으로 작용했다.

칠년전쟁으로 프랑스는 북아메리카의 광대한 해외 영토를 잃고 인도에서 철수했을 뿐만 아니라, 한 세대 뒤에는 과도한 전비 지출에 따른 재정난을 해결하지 못해 대혁명으로 몰락하고 만다. 요컨대 오늘날 언론 지면에 중요하게 보도되는 국가신용등급은 이미 18세기에도 국력 차이에 역전을 가져올 만큼 위력을 발휘하며 세계 역사와 지리적 질서를 바꾸어놓았다.

산업혁명의 트라이앵글, 면직물과 철광석 그리고 석탄

18세기 중후반에 영국은 세계 해상무역 네트워크의 실질적 지배자로 자리매김하며 나아가 산업혁명의 막을 열면서 인류사의 대전환까지 주도하기에 이른다.

산업혁명은 산업생산성 능력을 비약적으로 끌어올리면서 인류에게 전에 없는 물질적 풍요를 선사했다. 그뿐 아니라 규모의 경제와 시장을 실현해 본격적인 근현대 자본주의 산업자본주의가 태동할 환경을 만들어 주었다. 그래서 산업자본주의는 이전의 상업자본주의와 달리 확실한 자본주의, 즉 '고전'자본주의로 분명한 지위를 획득한다. 그러니 영국의 산업혁명은 인류사의 대전환점인 동시에 온전한 자본주의를 가져온 자본주의의 대전환점이기도 하다.

그렇다면 산업혁명은 어째서 영국에서 시작되었을까? 18세기 후반의 영국이 명실상부한 유럽 최강국이었던 것은 맞다. 사회 분위기도 자유로운 편인 데다 활발한 원양항해와 탐험으로 과학기술도 빠르게 발전했으니, 영국에서 산업혁명이 선구적으로 일어날 만했다고 할 수도 있겠다. 산업혁명을 이끈 중요한 에너지원인 석탄과 철광석이 그레이트브리튼에 풍부하게 매장되어 있었기 때문에 가능했다고 보는 관점도 있다.[34]

하지만 철광석과 석탄이 영국에만 매장되어 있는 것은 아니다. 과거 알자스로렌이라 불리며 알퐁스 도데Alphonse Daudet의 소설 《마지막 수업》의 무대가 된 오늘날 프랑스 북동부의 알자스 유럽 집합체Collectivité européenne d'Alsace와 모젤Moselle·뫼즈Meuse·보주Vosges·뫼르트에모젤Meurthe-et-Moselle주 일대,* 독일 루르Ruhr, 우크라이나 동부 돈바스Donbas 등지도 철광석과 석탄이 대량으로 매장된 곳이고, 이 지역들은 19세기 이후 각각 프랑스·독일·우크라이나(제정러시아, 소련)의 산업 중심지로 발돋움했다. 심지어 중국은 이미 송(960~1279) 대부터 석탄으로 조리, 난방은 물론 제철용 연료로도 사용하고 있었다.[35]

그러니 한 축만 보고 산업혁명이 시작된 원인을 규정할 수 없다. 실제로 영국의 산업혁명은 다양한 사회적·기술적·제도적 요

....

*　　알자스와 모젤 두 지역은 과거 알자스로렌Alsace-Lorraine이라 불렸으며, 프로이센·프랑스전쟁(1870~1871)에서 승리한 프로이센, 즉 독일이 프랑스로부터 이 지역을 빼앗아 엘자스·로트링겐이라는 독일식 지명으로 바꾸었다. 프랑스는 제1차 세계대전 이후 이들 지역을 독일로부터 돌려받았고, 오늘날에는 알자스, 모젤이라는 두 개의 주département가 되었다. 《마지막 수업》은 프로이센·프랑스전쟁 종전 후 독일령으로 편입되기 전 이 지역 한 학교에서 마지막으로 프랑스어 수업을 하는 내용을 다룬 작품이다.

인들이 복잡하게 얽히고설켜 있으므로 그를 둘러싼 연구와 논쟁이 끊이지 않고 있다.[36] 그렇지만 영국이 산업혁명의 선구자가 될 수 있었던 배경에는 해상무역 네트워크를 둘러싼 다중스케일의 지정학적·역사지리적·경제지리적 맥락이 자리했던 것은 분명하다.

칠년전쟁에서 영국이 승리함으로써 영국의 인도 진출을 가로막을 유럽의 경쟁자는 사라졌다. 게다가 한 세기 전, 세계 최대의 경제대국이었던 인도의 이슬람 왕조 무굴제국은 최대 판도를 이룩한 황제 아우랑제브Aurangzeb 사후 급속히 몰락하며 해체되어 갔다. 아우랑제브는 힌두교 신자 수가 많았던 인도 중남부를 극심하게 박해했고 그에 반발해 힌두교도들이 곳곳에서 반란을 일으키면서 내분에 휩싸인다. 게다가 대항해시대 이후 전 세계에 해상무역 네트워크를 건설하며 아시아로의 본격적 진출에 눈독을 들이던 유럽이 무굴제국을 압박하기 시작한다. 특히 영국은 이 같은 천우신조의 기회를 놓치지 않고 인도 진출에 박차를 가했다.

인도는 목화 원산지(논란이 있지만)일 뿐만 아니라 당시 세계 최대의 면직물 생산지였다. 무굴제국이 세계 최대의 경제대국이 될 수 있었던 원동력도 면직물 산업에 있었다.[37] 18세기에 EIC가 아시아로 팽창하면서 인도 면직물이 영국에 대량 유입되었다. 면직물은 모직물보다 가볍고 살갗에 닿는 촉감이 부드러운 데다 땀흡수가 잘되며, 염색을 잘 먹고 물세탁이 쉽다는 장점 때문에 영국에서 큰 인기를 얻었다. 특히 캘리코Calico라 불리는, 인도 남부의 캘리컷(오늘날 인도 코지코드Kozhikode) 일대에서 만들어진 고품질 면직물의 인기는 가히 폭발적이었다.

인도산 면직물은 16~17세기부터 유럽에 유입되었지만, 그 양이 제한적이어서 일반인은 쓸 수조차 없었다. 하지만 EIC가 세력을 대대적으로 확장하며 분열한 인도에 진출하고 수탈하기 시작한 18세기 중후반부터 이야기가 달라진다. 인도산 면직물, 특히 캘리코가 중산층과 서민층 사이에서 크게 유행하면서 영국의 전통적인 주력산업이었던 모직물 산업이 치명타를 입었다. 이에 영국 정부가 자국의 산업을 보호하기 위해 인도산 면직물을 수입제한하지만, 그 인기를 막을 수는 없었다. 나중에는 공급이 수요를 따라가지 못하는 지경에까지 이른다.

산업혁명에 직접적인 불을 지핀 증기기관은 이러한 상황에서 만들어졌다. 면직물 수요가 워낙 커지다 보니 그러한 수요를 충족시킬 수 있도록 면직물 생산방식을 혁신해야 했다. 1776년, 제임스 와트James Watt가 석탄으로 물을 끓여 발생한 수증기의 힘으로 기계를 구동하는 근대적 증기기관을 발명하는 데 성공한다.*

....

* 　물을 끓여 발생한 증기로 동력을 얻는 도구는 기원 전후 고대 로마에서 이미 발명되었지만, 그 수준은 신기한 장난감 정도였지 기계로 쓸 수는 없었다. 18세기 초반 영국의 발명가 토머스 세이버리Thomas Savery와 토머스 뉴커먼Thomas Newcomen이 근대적 증기기관의 원형이 되는 증기기관을 고안·발명했지만, 이들 역시 효율성 문제로 산업현장에 보급하는 데 한계가 있었다. 물론 와트의 증기기관은 이들의 증기기관을 토대로 한다. Kitsikopoulos, H., "From Hero to Newcomen: The critical scientific and technological developments that led the invention of the steam engine," in *Proceedings of the American Philosophical Society*, 157(3), pp. 305-340, 2013.

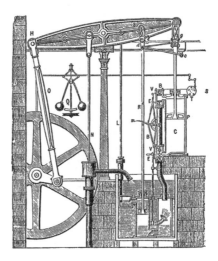

그림 11 **와트식 증기기관**

산업혁명을 있게 한 발명품 가운데 하나다. 제임스 와트가 증기기관을 발명한 것은
아니었지만, 기존 증기기관의 단점을 개선해 상용화시킴으로써 산업혁명의 동력을
마련했다.

증기기관의 발명과 보급이 영국 면직물의 생산량 급증으로
만 이어진 것은 아니다. 증기기관은 기존의 수공업이나 물레방아,
풍차 등을 사용하는 기계, 공장과는 차원이 다를 정도로 생산성과
효율성이 뛰어났다. 증기기관으로 작동하는 거대한 기계를 여럿
갖춘 큰 공장들은 면직물 이외의 산업 분야로도 빠른 속도로 파고
들며 산업의 중심축으로 자리매김한다.

영국에 증기기관의 연료인 석탄이 풍부하게 매장되어 있다는
사실도 증기기관이 영국 전역으로 확산하는 데에 매우 유리하게

작용했다. 물을 끓이는 일 자체야 나무나 숯으로도 얼마든지 할 수 있지만, 증기기관을 구동할 정도의 화력을 얻으려면 그 정도로는 부족하다. 그런데 석탄은 화력이 월등히 강해서 증기기관 구동에 필요한 에너지를 공급할 수 있었다. 그리고 석탄 매장량이 풍부하다는 사실은 증기기관이 신기한 발명품 정도로 끝나거나 일부 산업 분야에만 쓰이는 것을 넘어 다양한 분야에서 쓰일 수 있음을 의미했다. 석탄이 영국에만 매장되어 있던 것은 아니었지만, 인도산 면직물 수요의 폭등으로 촉발된 증기기관의 발명은 영국에 풍부하게 부존된 석탄과 '시너지 효과'를 일으키며 산업혁명을 일으킨다.

영국 증기기관은 석탄 못지않게 풍부하게 매장된 철광석과도 결합하며 산업혁명의 차원을 더한층 높였다. 숯을 굽듯 석탄을 밀폐·가열해 만든 코크스는 숯보다 월등하면서도 효율적으로 철광석 원석에서 철을 분리했고, 증기기관은 제철산업의 효율성을 극적으로 끌어올렸다. 그 덕분에 산업혁명 이후 영국은 세계 제일의 면직물 생산국에 이어 세계 최고의 철강 생산국으로 부상한다.

19세기 중후반에 이르러서는 현대적인 강철, 즉 탄소강 제조 기술이 확립되었다. 탄소강은 재래식 공정으로 생산한 철과 비교했을 때 강도가 월등히 강하므로 기존 철제품과는 비교할 수 없을 만큼 성능과 내구성이 우수한 공구와 기계를 만들 수 있다. 에펠탑이나 금문교 같은 거대한 구조물, 그리고 강력한 기관차와 수천에서 수만 톤이 넘는 대형 선박 제작이 가능한 것도 탄소강 덕

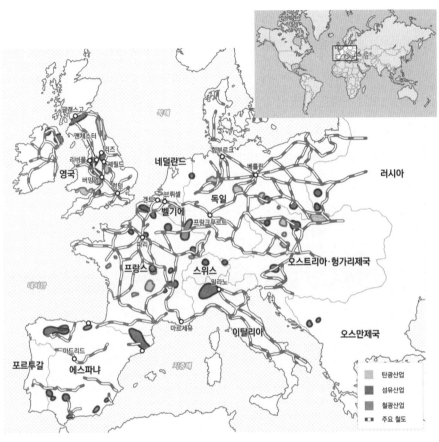

그림 12 19세기 유럽으로 퍼져나간 산업화

영국에서 시작된 산업혁명의 열기는 19세기에 유럽 여러 나라로 확대된다. 영국은 산업 기술과 인재 유출을 막으려고 애썼지만, 전문가들이 도버해협을 건너 유럽대륙으로 가면서 산업혁명은 유럽적 현상으로 퍼져나간다. 처음에는 지리적으로 영국과 가까웠던 프랑스가 큰 혜택을 보았으나, 정치적 통일로 뒤늦게 산업화에 뛰어든 독일제국이 적극적으로 산업 발전을 꾀하면서 제1차 세계대전이 발발하기 이전에 유럽에서 가장 큰 규모의 국민경제를 가진 나라로 거듭난다.

분이었다. 탄소강으로 인해 경제·산업 활동의 효율성과 생산성이 비약적으로 증가했다. 이 때문에 탄소강의 발명을 제2차 산업혁명이라고 평가하기도 한다.[38]

석탄과 철강은 철도·증기선·자동차와 같은 교통의 혁신까지 불러오며 전 세계를 산업자본주의, 그리고 제국주의로 '통합'하기에 이른다. 그레이트브리튼의 지리적 이점과 당대 해상무역 네트워크를 둘러싼 다중스케일은 이렇게 오늘날 우리가 살아가는 자본주의 세계의 밑바탕에 자리하고 있는 셈이다.

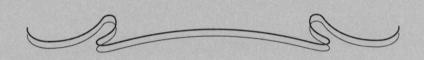

4장

프랑스,

대평원의 대혁명이 퍼뜨린
자본의 자유

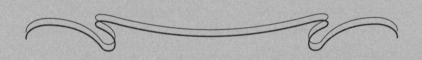

○
●
○

프랑스대혁명은 '자유·평등·우애*' 구호 아래 시민계급이 전제군
주정을 타도하고 민주공화정을 세운 최초의 역사적 사건이라 알
려졌다. 그 때문에 프랑스대혁명을 단순한 혁명이 아닌 현대 민주
주의의 시발점으로 평가하기도 한다.

프랑스대혁명이라 하면 빵을 달라고 애원하는 민중에게 "빵
이 없으면 케이크를 먹어라"라며 조롱하는 마리 앙투아네트Marie
Antoinette와 루이 16세Louis XVI를 떠올리고, 혁명을 일으킨 민중이
국가경제와 민생을 파탄 낸 무능하고 악독한 국왕 부부를 참수했
다고 여길 사람들도 적지 않을 듯싶다.

루이 16세 부부의 극심한 사치와 폭정으로 민심이 폭발해 혁
명으로 이어졌다는 식의 논리는 어폐가 많다. 루이 16세 부부는

....

* 　프랑스대혁명의 세 가지 이념 가운데 'fraternité'는 과거에는 '박애'라고 번역되었다.
하지만 'fraternité'는 본래 형제간의 유대감이나 우애를 뜻하는 말로, 11~12세기에 생겨난
프랑스 상공업자들의 도시공동체인 코뮌commune들이 봉건제후의 지배에 맞서 평등을 전제
로 상호 단결하는 과정에서 쓰이기도 했다. 즉, '박애'라는 번역은 평등, 그리고 절대왕정과
반혁명 세력, 외세에 맞선 연대와 저항을 전제하는 'fraternité'의 의미와는 맞지 않는다. 그래
서 최근 학계에서는 'fraternité'를 '박애'가 아닌, 원뜻에 한층 부합하는 '우애'로 번역하는 추
세다. 고원, 〈프랑스혁명 이념 '우애'에 대하여: 한국어 번역 문제와 개념의 역사〉, 《비교문화
연구》, 60, pp. 3-23, 2020.

당대 왕실치고는 검소했을 뿐만 아니라 재정난, 빈민 문제 등을 해결하려고 노력했다. 앙투아네트는 혁명 당시 왕실을 향한 민중의 적대감, 프랑스가 오랫동안 적대시했던 합스부르크왕가 출신이라는 점, 그리고 여성의 정치참여를 부정적으로 여긴 혁명 지도부의 젠더의식 등이 맞물리며 무분별하게 악녀 이미지를 뒤집어 쓴 부분이 있다.[39]

　무엇보다 부르봉왕조 치하의 프랑스는 19세기 중반에 농노제를 폐지할 만큼 사회적·문화적으로 후진적이었던 로마노프왕조(1613~1917, 러시아), 전형적인 병영국가였던 프로이센(독일)에 비하면 훨씬 자유롭고 개방적인 나라였다. 즉, 민중의 고달픈 삶이나 전제군주정의 압제 등이 혁명의 직접적 원인이라면 대혁명은 러시아나 독일에서 일어났어야 옳다.

　그런데 어째서 유럽의 중심이자 최강국이었던, 그리고 절대왕정 국가였지만 다른 왕정국가보다는 비교적 자유로웠던 프랑스가 대혁명의 본거지가 되었을까? 또 자유·평등·우애를 부르짖었던 프랑스대혁명은 자본주의에 어떤 영향을 끼쳤을까?

천혜의 자연조건을 갖춘 땅

유럽, 그중에서도 중부유럽을 포함한 서유럽 지형은 대체로 평야와 구릉지, 산지가 혼합된 지리적 특징을 보인다. 그래서인지 알프스와 피레네, 카르파티아Carpathian 같은 대규모 산맥을 기준으로 지역이나 문화권을 구분하기도 한다.

유럽에는 구릉지대가 많고 산지도 제법 있어서 얼핏 보면 토질이 척박한 것 같은 지역도 적지 않다. 이베리아반도(특히 남부)와 이탈리아반도 동부 그리고 그리스가 그런 자연환경을 가진 대표적인 곳이다. 하지만 유럽인들은 이러한 토질에 적합한 작물을 재배하고 농업기술을 개량하는 동시에 지중해 무역에 적극적으로 나서며 이곳을 살기 좋은 곳으로 바꾸어갔다. 유럽대륙 서남쪽 끝에 있는 이베리아반도는 고대부터 철광석을 비롯한 광물자원이 풍부한 곳으로 유명했다. 또한 발칸반도에 자리한 그리스와 이탈리아반도는 서구 문명의 근간이 되는 위대한 문명과 제국을 탄생시켰다. 오늘날 에스파냐와 이탈리아는 유럽연합EU에서 2·3위를 다투는 농업 대국이기도 하다.

그런 유럽에서도 프랑스는 특히나 축복받은 지리적 환경을 가진 땅이다. 프랑스 남서부의 아키텐분지, 파리 인근의 파리분지 등은 유럽에서도 손꼽히는 광활하고 비옥한 평지다. 게다가 대서양을 흐르는 난류인 멕시코만류의 영향으로 위도에 비해 온난한 편이며 인간이 생활하고 문명 발전에 적합한 지중해성기후와 서안해양성기후가 발달했다. 이러한 기후 조건은 연중 온난 습윤하고 연교차가 비교적 적으며, 혹한·혹서·폭우 같은 극단적 기후 현상이 일어나는 빈도도 낮다. 또한 센강, 템스강, 라인강, 모젤강, 도나우강 등은 식수와 농업용수로 쓰였을 뿐만 아니라 교통로로도 활용

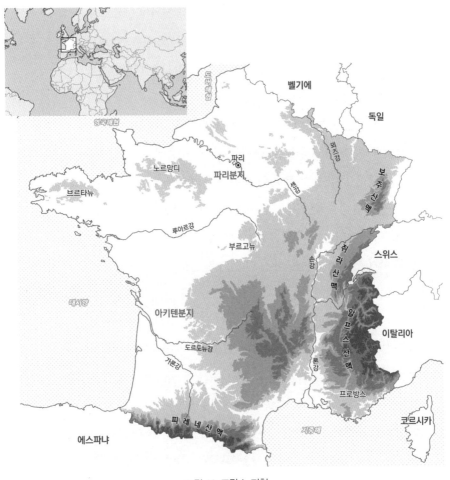

그림 13 **프랑스 지형**

지중해와 대서양 사이에 위치하며, 알프스산맥을 기준으로 스위스·이탈리아와
국경을 이루고, 피레네산맥을 기준으로 에스파냐와 국경을 이룬다. 보주산맥과 쥐라
산맥을 경계로는 독일과 국경을 이룬다. 서쪽에는 유럽에서도 손꼽히는 농업·평야지대
인 아키텐분지와 파리분지가 펼쳐져 있다.

되었다. 프랑스가 세계적인 순위에 들 만큼 식문화가 발달했을 뿐만 아니라, 오늘날 미국에 이어 세계 2위의 농식품 수출국이라는 사실[40]은 그만큼 프랑스가 농업 생산성을 두루 갖춘 나라인지를 방증한다.

평야가 넓게 펼쳐진 지형은 교통 발달은 물론, 영토 통일과 중앙집권화에도 유리하다. 이를테면 중국이 고대 한漢 왕조 때부터 오늘날까지 통일국가를 이어올 수 있는 까닭도 하나는 중심부인 동부가 험산 준령이나 사막 같은 극단적 자연환경이 아니라는 점, 또 다른 하나는 지리적 요소로 영토가 분단되지 않은 채 개방된 평야가 이어진 지형을 가진 데 힘입은 부분이 크다는 견해가 있다.[41] 프랑스도 마찬가지였다.

국경지대에 발달한 산악지대도 프랑스에 지리적 축복을 가져다주었다. 에스파냐와 경계를 이루는 남쪽의 피레네산맥은, 이베리아반도와 달리 프랑스가 이슬람 세력의 침공을 막아내는 데 많은 도움을 주었다. 물론 8세기 초반 우마이야왕조가 피레네산맥을 넘어 프랑스 서부까지 진격한 적이 있다. 하지만 험준한 피레네산맥은 그 자체로 군대의 이동과 보급을 차단하는 천연 장애물이었다. 게다가 이베리아반도 내 그리스도교도가 저항과 활동을 이어갈 거점으로 피레네산을 삼은 탓에 결국 투르·푸아티에전투 이후 이슬람은 피레네산맥 북쪽으로 세력을 확장하지 못했다.[42]

동쪽 독일과의 접경지대에도 구릉성 산지가 발달해 있어서 프랑스는 그야말로 천연 요새였다. 이 같은 지형은 무역이나 교통을 차단할 만큼 험하지는 않아서 프랑스 경제와 문화 발전을 가로막지는 않았다.[43] 더욱이 역사지리적 관점에서 보면 독일은 동쪽의 위협으로부터 프랑스를 지켜준 완충지대였다. 프랑스가 마자르족*과 같이 유럽을 뒤흔든 이민족의 침입으로부터 비교적 안전할 수 있었던 것도 독일 덕분이었다. 오히려 마자르족을 격퇴함으로써 로마의 후예인 신성로마제국으로 승격한 독일이 교황청 보호라는 명분으로 이탈리아 원정을 무리하게 반복하다 중앙집권화의 시기를 놓친 것과 달리, 프랑스는 착실하게 국력을 키우며 중앙집권국가로 성장해 나갔다.

상업자본주의와 함께 성장한 부르주아지

17세기 프랑스는 유럽 최강국으로 군림하며 전성기를 구가했다. 그 신호탄은 1598년 앙리 4세가 반포한 낭트칙령이었다. 16세기 중후반 개신교도인 위그노와 가톨릭교도 사이의 종교전쟁으로 내전 상태에 빠졌던 프랑스는 위그노의 신앙의 자유를 보장한 낭트칙령으로 극심한 내분을 수습하고 국정을 안정화시킨다.

    낭트칙령의 역사적 의의는 종교전쟁 종식과 국정 안정화에만

·······

* 중앙아시아에 유래하는 유목 기마민족으로, 9세기에 유럽에 진출한 뒤 헝가리를 세웠다.

있지 않다. 이 시기 위그노의 다수는 상공업자들이었다. 신분은 평민이었지만, 상공업으로 부를 축적하고 지식과 견문을 넓힌 그들은 당시로서는 보수적이었던 가톨릭보다는 진보적 교리의 개신교에 끌렸다. 경제적 수완이 뛰어났던 위그노 상공업자들이 낭트칙령으로 종교적·법적 지위를 인정받음에 따라 프랑스 내에서 더 활발하고 안정적으로 경제활동에 임할 수 있게 되었다. 이런 점에서 낭트칙령 반포는 국가 통합과 국력·경제력 향상은 물론 시민계급이 본격적으로 등장할 수 있게 해주었다.

앙리 4세의 뒤를 이은 루이 13세Louis XIII는 에스파냐와의 경쟁에서 확실한 승리를 거두며 유럽 최강국의 기틀을 확실히 다졌다. 이어진 루이 14세의 치세는 문자 그대로 '태양왕'의 시대였다. 그는 라인강 유역의 에스파냐 영토를 빼앗아 국경을 확장했고, 네덜란드의 기세를 크게 꺾어놓았다. 또 북아메리카에 루이지애나, 퀘벡 등 식민지를 확보하고 동인도회사를 세워 인도 곳곳에 상관과 식민도시를 건설했다. 루이 14세와 그의 후계자 루이 15세Louis XV 치하 프랑스의 해외 영토는 영국과 네덜란드 때보다 훨씬 컸다. 18세기 프랑스는 영국·네덜란드에 못지않은, 아니 그 이상의 해양 대국이었다.

한편 18세기부터 프랑스 경제·사회에 구조적인 변화가 일어났다. 프랑스는 영국, 네덜란드와 달리 왕권이 강력하고 신분제 질서가 공고한 절대왕정 국가였다. 하지만 원양 무역이 활발해지고 상공업이 발달하면서 부르주아지bourgeoisie*가 성장하기 시작했다.

이들은 법적으로는 평민이었지만, 상공업으로 많은 부를 축적하면서 귀족 못지않은 경제적·사회적 영향력을 행사했다. 따지고 보면 중세 중후기부터 대두한 도시 상공업자들의 후예인데, 프랑스의 국력과 인구 규모가 워낙 컸던 데다 해상무역까지 활발해지면서 자연스럽게 지위가 높아졌다. 한마디로 이들은 법적으로 평민이었을 뿐, 중세 농노나 근대 소작농과는 차원이 다른 신흥계급이었다. 그러나 앙시앵레짐Ancien Régime**, 즉 구제도는 이들의 활동을 제약했고 그 결과 정치적·경제적·사회적 자유에서 배제당함으로써 당대 유럽 최강국 프랑스의 부는 귀족에게 돌아갔다.

하지만 세상은 부르주아지의 손을 들어주는 쪽으로 변화하고 있었다. 농업 중심의 산업구조도 상공업 중심으로 점차 바뀌고 있었다. 상공업의 본거지라 할 수 있는 도시의 규모가 커지고 도시에서의 상거래도 갈수록 활발해졌다. 농촌에는 당대 고부가가치산업이었던 직물 생산을 위한 수공업 공방이 들어서며 부를 창출하고 있었다. 즉, 18세기 프랑스에서는 상업자본주의가 어느 정도 성숙해

....

* 부르주아란 프랑스어로 성bourg에 사는 사람이라는 뜻인데, 과거의 도시는 성곽에 둘러싸인 경우가 많았으므로 도시에서 상공업이나 전문직에 종사하며 부를 축적하고 경제적·사회적 영향력을 얻은 평민을 의미하게 되었다.

** 프랑스어로 '옛 제도'를 의미하며, 16세기 초부터 시작된 절대왕정 시대의 체제를 가리키나 넓은 의미로는 근대 시민사회 성립 이전 부르주아지를 억압한 사회질서나 제도를 가리키기도 한다.

가고 있었다.[44] 프랑스 왕실과 귀족층의 사치와 방종의 상징처럼 여겨지는 화려한 의상과 무도회는 당시 상공업과 상업자본주의의 발전과 성숙에 따른 직물·의류산업의 번창과도 밀접한 관련이 있다.[45]

이즈음 유럽 각국은 식민지 쟁탈전을 벌이고 있었다. 이들은 지정학적 우위를 점하기 위해 과학기술 개발에 열을 올렸고 이는 과학혁명을 열어젖혔다. 그 과정에서 프랑스는 이성을 지닌 인간의 평등과 자유, 미신·악습의 타도, 인간 이성에 토대한 사회개혁을 핵심으로 하는 새로운 사상인 계몽주의의 본산으로 거듭났다.

계몽주의는 얼핏 절대왕정을 부정하는 '불온사상'처럼 보일 듯도 하고 결과적으로도 그렇게 되었지만, 러시아 예카테리나 2세 Екатерина II Великая, 프로이센 프리드리히 2세Friedrich II der Große 같은 보수적인 유럽의 군주들조차 계몽주의를 탄압하기는커녕 되려 계몽전제군주를 자처했다. 프랑스의 볼테르Voltaire, 장 자크 루소 Jean Jacques Rousseau, 몽테스키외 Montesquieu, 드니 디드로Denis Diderot 같은 계몽주의자들은 학자, 작가, 사상가로서의 명성을 드날리며 계몽주의 사상을 국내외에 전파했다. 수많은 프랑스 귀족과 성직자는 계몽사상에 심취하며 인간 이성을 찬미하고 사회개혁을 역설했다.

하지만 '계몽'전제군주가 다스린 프로이센과 러시아가 그랬듯, 경제·사회·사상의 변모와는 별개로 프랑스 역시 절대왕정의 권위와 권력이 강했고 신분제 역시 공고했다. 프랑스 국부國富의 대부분은 인구의 4퍼센트 남짓한 귀족들과 성직자들이 독점했고, 최상위 부르주아지들은 계몽사상을 외치며 사회를 개혁하기는커

그림 14 **계몽사상의 산실, 살롱**

17~18세기에 작가, 음악가, 미술가들이 자유롭게 지적 대화를 나누던 공간이었다.
초기에는 새로운 문학작품을 발표하는 자리였으나, 점차 철학과 정치를 토론하거나
사상을 교류하는 장소로 변모했다.

넝 돈으로 귀족 신분을 살 궁리만 했다.[46]

　이러한 프랑스에서는 사유재산의 완전한 보장도, 온전한 자
유시장과 자유경쟁의 원리도 기대할 수 없었다. 씨앗 위에 무거운
돌을 올려두면 싹이 움트기 어렵듯이 절대왕정이 지배하던 18세
기 프랑스는 자본주의의 씨앗이 영글었지만, 아직 싹을 틔워내지
는 못했다.

소빙하기,
신분제 모순을 폭발시키다

칠년전쟁에서 프랑스는 영국에 패배해 퀘벡을 비롯한 북아메리카의 광대한 영토를 상실했으며 인도에서는 아예 쫓겨나다시피 했다. 당대 프랑스는 명실상부한 유럽 최강국이었고, 영국의 동맹국이 프로이센·포르투갈 정도였던 것과 달리 합스부르크제국·에스파냐·스웨덴 등 여러 강국을 동맹국으로 두었음에도 그랬다. 외적으로는 경제력·군사력을 포함한 국력이 강한 것처럼 보였으나 안으로는 강력한 권력을 휘두르며 특권을 남용하는 지배층으로 인해 재정의 효율성은 물론 신용도도 낮았다. 그러다 보니 군자금을 원활히 조달하지도, 인적·물적 자원을 효율적으로 동원하지도 못했다. 결국 영국보다 재정 대비 군비 대출 비율이 낮았음에도 재정난까지 불거지며 국력이 약했던 영국에 되레 패하고 말았다. 칠년전쟁의 패배, 그리고 이 전쟁의 패배를 설욕하고 영국을 견제하기 위해 단행한 미국독립혁명에 대한 대대적인 경제적 지원은 프랑스의 재정난을 감당하기 힘든 수준으로 악화시켜 놓았다.

게다가 프랑스 정치·사회체제 모순은 18세기에 불어닥친 소빙하기와 맞물리며 더욱 심화된다. 이 시기에 기온이 떨어지면서 농업생산량이 저하되었다. 그 직격탄을 맞은 이들은 도시 빈민과 농민이었다. 귀족들과 성직자들은 계층적 특권을 누렸고, 부르주아지들도 재산과 전문지식, 기술 덕분에 추위와 굶주림을 피해 갈 수 있었다. 프랑스 왕실이 재정을 충당하기 위해 매관매직하면서 최상층 부르주아지들은 관직과 귀족 신분을 매입해 지주까지 겸하게 되었고, 귀족 지주 못지않게 농민들을 착취했다.[47] 대혁명 발발 직전인 1780년대에 프랑스를 몇 차례 여행한 영국의 농학자 아서 영Arthur Young은 부르주아지의 착취에 시달리며 힘겨운 생활을 이어가던 28세의 소작농 여성이 60~70대 노인처럼 보일 지경이었고, 형편이 괜찮은 자작농조차 사시사철 누더기 차림에 맨발로 지낸다고 기록했다.[48] 이 같은 빈부격차의 심화와 빈민의 증가는 사회불안을 더한층 가중시킬 수밖에 없었다. 물론 이러한 문제는 프랑스에만 국한한 것은 아니었다. 하지만 무리한 영토 팽창이 빚어낸 뿌리 깊은 재정난, 그리고 절대왕정과 시민계급의 대두라는 모순적인 사회변화가 아우러졌던 프랑스에서는 사회갈등이 더한층 심해지며 부르봉왕조를 잠식해 갔다.

독일의 철학자이자 경제학자인 카를 마르크스Karl Marx는 프랑스대혁명을 자본, 즉 생산수단을 소유한 부르주아지들이 그렇지 못한 노동자(프롤레타리아)를 착취하는 자본주의 시대의 서막을 연 '부르주아혁명'이라고 평했다. 하지만 사실 혁명 전부터 부르주아지들은 귀족층과 함께 소작농을 착취하고 있었다. 물론 한편으로 수많은 부르주아지가 계몽사상에 물든 일부 진보성향의 귀족들과 함께 입헌정치나 공화정 수립에 골몰했다.

루이 14세는 갈수록 심해지는 재정난을 해소하기 위해 귀족에게 과세를 시도했지만, 귀족들의 극심한 반대에 부딪힌 끝에 결국 무위로 돌아갔다. 러시아나 프로이센처럼 대외 팽창이나 해외 영토 유지에 덜 적극적이었다면, 돈은 적게 벌었을지언정 재정지출도 감소했을 테니 체제를 유지하는 데는 차라리 도움이 되었을 것이다. 하지만 프랑스를 유럽 최강국으로 만들어 준 영토 팽창과 해외 식민지 건설은 계몽사상을 혁명으로 이어갈 수 있는 주체인 부르주아지 계급을 키워냈다. 이는 재정 확보와 국가신용등급 상향에 불리했던 프랑스 체제와 맞물려 프랑스의 종말을 부채질하는 결과를 낳는다.

막대한 부채로 재정위기에 처한 프랑스 왕실은 1789년 5월, 최후의 카드로 175년 만에 제1신분인 성직자, 제2신분인 귀족, 제3신분인 평민층의 대표 의원들로 구성된 신분제의회 삼부회를 소집했다. 문제는 제1신분과 제2신분 인구의 총합이 프랑스 전체 인구의 4퍼센트 정도에 불과했지만, 세 신분의 의원 수는 같았다는 점이다. 말 그대로 불평등한 신분제의회 그 자체였다. 시민계급은 성장했는데 신분 차별과 불평등은 그대로 이어졌다. 이는 납세의 의무가 없는 특권층의 기득권을 바꾸는 데도, 자유와 평등을 희구하는 시민계급을 달래는 데도 무익하다시피 했다. 루이 16세가 평민들을 배려한다고 평민 의원단 수를 두 배로 늘린 조치는 모든 신분의 불만만 증폭하는 부작용을 낳았다.[49] 특권층이 면세특권을 비롯한 기득권을 내려놓을 리 만무했고, 평민 의원단을 '고작' 두 배로 늘려 본들 평민층, 시민계급의 불평등 문제가 의미 있게 해결될 리도 없었기 때문이다.

루이 16세의 처사에 분노한 제3신분 의원들은 1789년 6월 헌법제정을 목표로 국민의회를 조직했다. 이에 루이 16세가 국민의회 해산을 명하고 회의장을 폐쇄하자, 제3신분 의원들은 베르사유궁 근처 테니스장에서 헌법제정과 사회질서 회복을 촉구하는 서약을 발표했다. 끝 모를 재정난과 경제적·사회적 혼란에도 바뀌지 않는 왕실, 신분제 모순 속에서 그들은 자신들의 재산을 정당하게 소유할 권리를 보장받을 경제적 자유와 평등을 외쳤다. 평등이 담보되지 않았던 삼부회로는 시민계급의 자유도, 평등하게 세금을 납부하고 사유재산을 보장받을 권리도 지킬 수 없었기 때문이다. 설령 돈으로 귀족 작위를 살 수 있더라도 그 수가 한정적이었을 뿐 아니라 그 과정에서 많은 돈이 들어갔으므로 이들의 불만을 잠재우기에는 한계가 있었다.

결국 제3신분 의원들은 시민계급이라는 동질감, 즉 우애를 바탕으로 신분제에 토대한 앙시앵레짐인 구체제를 갈아엎을 혁명을 일으켰다.[50] 불과 얼마 전만 하더라도 신분 상승을 꿈꾸거나 체제에 영합하기에 바빴을 부르주아지들이 귀족들과 절대군주들이 흠모하던 계몽사상에 근거해 절대왕정과 신분제를 타도하기에 나선 것이었다.

1789년 7월, 왕실과 정부의 실정, 이어지는 빈곤에 지칠 대로 지친 파리 시민들이 정치범 수용소 바스티유 감옥을 습격하면서 프랑스 전역에서 봉기가 일어났다. 결과적으로 국민의회의 테니스장서약은 인류사에 큰 획을 그은 대혁명의 시발점이 되었다.

그림 15 바스티유 감옥 습격 사건

바스티유 감옥은 1370년 백년전쟁 중인 샤를 5세Charles V 때 영국의 공격으로부터 파리
를 보호하기 위해 만든 요새였으나, 루이 13세 때부터 감옥으로 쓰였다. 1789년 7월 14일,
시민들이 절대왕정의 상징이었던 이곳을 습격함으로써 프랑스대혁명이 시작되었다.

대혁명 이후,
시장의 '자유'가 의미하는 것

프랑스대혁명이 현대 민주주의 발전과 정립에 결정적 영향을 미
쳤다는 역사적 사실을 부정할 사람은 없을 것이다. 물론 그 과정
에서 수많은 사람을 단두대로 보낸 공포정치와 같은 혼란과 분열
이 발생했고, 나폴레옹이 황제로 즉위하면서 혁명을 '찬탈'하게 만
드는 결과를 낳았다.

하지만 프랑스대혁명이 내건 자유·평등·우애의 정신과 세계 최초의 인권 선언 〈인간과 시민의 권리 선언〉, 그리고 혁명 정신에 기초해 만들어진 세계 최초의 근대적 민법전이자, 민주주의 국가의 법률 제정에 많은 영향을 준 《프랑스민법전》(나폴레옹법전)은 혁명 전쟁과 나폴레옹전쟁을 통해 유럽 전역으로 퍼져나가며 자유와 평등, 입헌정치나 공화정치를 부르짖는 수많은 시민혁명을 촉발했다.

프랑스대혁명이 남긴 성과는 민주주의에만 국한하지 않는다. 혁명에서 말한 자유와 평등의 가치는 절대왕정과 특권층이 독점하던 자본과 경제의 자유와 평등도 함께 의미했다. 그 결과 상공업자들이 신분에 따른 불이익이나 사유재산 침탈에 시달리지 않으며 활동을 보장받을 길, 농민들이 귀족 지주들에 사실상 예속되다시피 한 소작농 신세에서 자영농으로 독립할 길이 열렸다.[51] 《프랑스민법전》이 역사상 선구적으로 사유재산의 인정과 보장을 명문화한 것도 이런 차원에서 이해할 수 있다. 프랑스대혁명의 정신이 유럽, 나아가 전 세계로 확장하면서, 근현대 자본주의의 기본 원리인 자본의 자유, 사적 재산 소유의 자유와 평등도 세계 곳곳으로 퍼져나갔다.

프랑스대혁명으로 신분이나 종교 등에 구애받지 않고 사유재산의 소유를 인정·보장받게 되면서 자본주의는 온전한 자본주의로 한 걸음 더 나아가게 된다. 무역이 아무리 활발하게 이루어지고 상공업이 발달한다고 하더라도, 왕실이나 정부, 지배층이 경제활동과 자본축적을 통제하고 간섭한다면 자유시장경제도 자유경

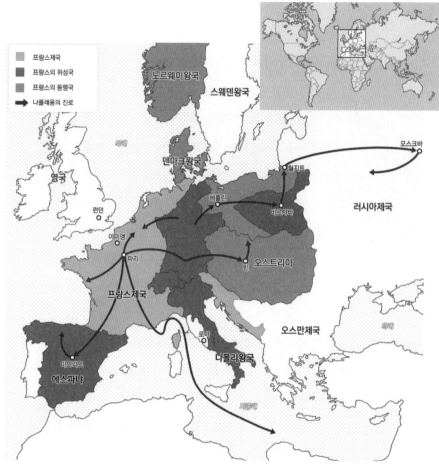

그림 16 새로운 유럽 지도를 만든 나폴레옹 시대(1799~1815)

나폴레옹은 유럽을 하나의 대제국으로 건설하고자 했다. 하지만 이러한 계획에 차질이
빚어지자, 영국에 대륙봉쇄령을 내리는데 결과적으로 이는 이미 산업혁명을 시작하며
경제적으로 발전하고 있었던 영국이 아닌, 유럽대륙에 막대한 피해를 준다. 게다가
나폴레옹은 대륙봉쇄령 위반을 빌미 삼아 65만 명을 이끌고 러시아를 침략하지만
실패하고 만다. 아이러니하게도 프랑스군이 침략하는 과정에서 프랑스대혁명의 정신이
유럽 각국에 전파되었다.

쟁도 제대로 돌아가기 어렵다. 이러한 점에서 프랑스대혁명은 산업혁명과 더불어 근대 자본주의가 본격적으로 역사에 등장할 수 있게 한 대전환점이었다.

프랑스대혁명의 가장 핵심 가치였던 자유는 자본주의가 뿌리내리고 성숙해 가면서 점차 보수적 의미로 변모했다. 자본주의의 가장 근원적 원리인 자본과 사유재산, 시장의 자유는 결국 자본주의경제의 기본 원리에 해당하는 보수적 가치가 될 수밖에 없었기 때문이다. 오늘날 전 세계의 수많은 보수정당이 당명에 '자유'라는 단어를 포함하는 까닭도, 지극히 보수적 경제체제인 신자유주의 명칭에 '자유'가 들어가는 이유도 바로 여기에서 찾을 수 있다.

좋은 시절, 벨에포크의 두 얼굴

19세기 후반에 들어서면서부터 유럽은 정치적으로는 자유와 안정
을, 경제적으로는 번영을 누리기 시작한다. 우선 독일통일로 이어
진 프랑스·프로이센전쟁(1870~1871)을 끝으로 유럽에서는 수십
년간 큰 전쟁이 일어나지 않았다. 게다가 많은 국가가 시민혁명을
거쳐 민주공화국이나 입헌군주국으로 통치 체제를 바꾼다. 그렇
지 않은 국가들조차 노동조합을 합법화하거나 사회복지정책을 도
입하면서 자유주의 목소리를 어느 정도 받아들였다.

　산업자본주의가 확고하게 자리를 잡으면서 유럽의 경제 규모
는 전에 없이 커졌다. 또한 과학기술이 발전하면서 전기, 전신, 세
탁기, 축음기, 사진, 영화, 냉장고, 열차, 자동차 등 이전 시대라면
상상조차 하지 못할 발명품들까지 쏟아졌다. 그 덕분에 유럽은 천
지개벽할 만큼 번영과 풍요를 누릴 수 있게 되었다. 쉴 새 없이 돌
아가는 수많은 공장에서 뿜어져 나오는 연기와 막대한 부를 만들
어 낸 휘황찬란한 산업도시의 경관은 자본주의의 풍요로움, 그 자
체였다.

그림 17 **모네의 〈생라자르역〉**

당시 기술문명의 현주소를 보여주는 기차역을 그린 그림이다. 현대 도시를 상징하는 철골과 유리로 된 기차역 안으로 기차가 들어오고, 그 뒤로 희미한 형태의 건물들이 보인다.

19세기 후반에서 20세기 초반 유럽 전역에는 인류의 번영과 발전이 영원히 이어지리라는 낙관이 퍼져나갔다. 당시의 희망적이고 평화로우며 활기찬 분위기를 반영한 밝고 화려한 예술 사조가 대두했다. 프랑스어로 '좋은 시대'라는 뜻을 지닌 '벨에포크La belle époque' 시대의 탄생이었다.

하지만 벨에포크의 영광은 지리적으로, 더욱 정확히는 다중 스케일적으로 지극히 한정된 영역에만 돌아갔다. 인류 모두에게 좋은 시대는 아니었다는 뜻이다.

메트로폴리스의 탄생,
상업자본에서 산업자본으로

18세기 중반 시작된 산업혁명의 열기는 19세기에 접어들어 프랑스, 프로이센(독일), 러시아 등 유럽 전역으로 퍼져나가며 유럽의 경제 규모와 시장규모를 크게 키웠다. 이전의 상업자본주의와는 차원이 다른 산업자본주의가 유럽 전역을 뒤바꾸기 시작했다.

특히 이전과는 전혀 다른 형태의 도시, 즉 대도시metropolis가 생겨나면서 도시화율이 크게 상승하고 사람들이 살아가는 지리적 환경이 바뀌었다. 물론 도시는 고대부터 존재했다. 하지만 산업혁명 이전의 도시는 기껏해야 인구 20~30만 명이 살 수 있는 규모였고 나머지 인구는 대부분 농어촌에서 살았다.[*] 일부 도시국가를 제외하면 농업이 경제에서 차지하는 비중이 절대적이었으므로 상공업 발달로 인한 혜택은 귀족이나 돈 많은 부르주아지만이 누릴 수 있었다.

19세기 산업자본주의가 발달하면서 농어촌 중심의 공간구조

....

[*]   전성기 시절, 고대 로마제국의 수도 로마나 당나라의 도읍지 장안 인구가 100만 명 이상이었다고 전해지나, 고대의 인구 규모, 통계 시스템 및 도시 인프라, 교통수단 수준 등을 고려했을 때 실제 인구가 그 정도였다고 믿기는 어렵다. Casio, E. L., "Did the population of Imperial Rome reproduce itself?" In *Urbanism in the Preindustrial World: Cross-cultural Approaches*, Ed. G. R. Storey, pp. 52–68. Tuscaloosa, AL: The University of Alabama Press. p. 60, 2006.

그림 18 윌리엄 와일드의 〈컬살무어에서 바라본 맨체스터〉

맨체스터 인근의 휴양지 컬살무어 너머로 산업도시 맨체스터의 대규모 공장지대가 보인다. 자본주의의 발달로 도시의 산업화가 이루어지면서 가내수공업이 공장화되었다.

가 크게 재편되었다. 도시마다 상품을 대량으로 생산하기 위한 공장이 들어섰고 그곳에서 일하려고 노동자들이 몰려들었다. 그러다 보니 거대한 공장과 수많은 노동자를 수용할 공간이 필요해졌다. 또 석탄, 철광석 같은 원자재와 자원을 원활하게 공급하고 상품을 효율적으로 판매할 수 있는 입지 조건이 매우 중요해졌다. 게다가 해외 영토나 식민지로부터 비교적 값싸게 식량을 들여올 수 있게 되면서 이촌향도가 속도를 내기 시작했다.

산업화가 진전되면서 도시 공간의 면적이 눈에 띄게 커졌다. 이전 시대에는 귀족이나 재력가들만이 말과 마차를 탈 수 있었고

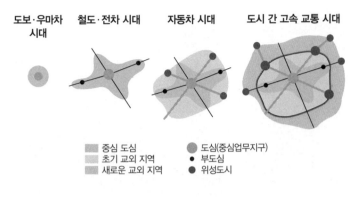

■ 중심 도심 　　　● 도심(중심업무지구)
■ 초기 교외 지역 　　● 부도심
■ 새로운 교외 지역 　● 위성도시

그림 19 **도시의 출현**

산업화의 진전으로 철도와 전차, 자동차가 등장·보급되면서 대도시, 산업도시가 출현
하기 시작한다.

대부분은 걸어 다녔다. 그 결과 도시 면적은 도보로 이동할 수 있
는 범위 내로 한정되었다.[52] 하지만 열차와 전차가 상용화되면서
이 노선을 따라 도시 규모가 크게 확장되었다. 20세기에 자동차가
발명된 후로 도시 규모는 더욱 커졌다.

19세기에는 영국을 필두로 인구수가 수십만에서 수백만 명
을 넘어가는 대규모 산업도시가 유럽 곳곳에 등장했다. 전체 인구
대비 도시 거주 인구의 비율이 커지는 현상인 도시화도 눈에 띄게
속도가 붙었다. 산업혁명을 전후해 유럽 인구가 두 배로 증가하면
서 도시 거주 인구는 여섯 배 상승했고, 영국에서 도시 거주 인구
의 비율은 1850년에 40퍼센트, 1890년에는 60퍼센트 이상까지
증가했다. 중세 말기에서 근대 초기 유럽 최대 상공업지대였던 이

탈리아 북부의 도시 거주 인구 비율이 20퍼센트를 넘지 못한 사실을 볼 때, 산업화는 인류의 삶터를 농어촌에서 도시 중심으로 뒤바꾼 지리적 혁명이었다.[53]

유럽 각국의 산업도시는 상품을 대량으로 생산하는 공급처인 동시에 많은 소비자를 가진 시장 역할을 하면서 산업자본주의 발전을 더욱 촉진했다. 도시에 대규모로 집적한 공장지대, 특히 중공업 시설은 자본의 집중을 가속하면서 대기업의 등장 및 발전을 가져왔고 자본주의 규모를 한층 더 키웠다.[54]

대도시에 드리운
불평등과 소외의 그림자

일하던 성냥공장에서 쫓겨난 뒤 길거리에서 성냥을 팔며 연명하던 소녀가 크리스마스이브에 세상을 떠난 할머니를 그리다 죽음을 맞이하는 《성냥팔이 소녀》(한스 크리스티안 안데르센)와, 10대 초반의 어린이들이 교육도 보살핌도 제대로 받지 못한 채 공장에서 모진 대우를 받으며 뒷골목에서 소매치기와 매춘에 내몰리는 《올리버 트위스트》(찰스 디킨스)의 이야기가 세상에 나온 때도 19세기였다. 소설 속에 그려진 산업자본주의 시대 도시의 모순과 양극화, 그리고 빈민들이 감내해야 했던 참담한 삶은 고스란히 사실이었다.[55]

19세기 유럽에서 자유와 평등에 대한 정치적·사회적 합의는 어느 정도 자리를 잡았지만, 경제적 자유는 불평등을 양산하고 있었다. 노동자들은 법적으로는 자유 시민이었지만 물려받은 재산이나 기술도 없이 교육도 제대로 받지 못한 이들을 위한 법적·제도적 장치 같은 건 없었다. 자본주의 체제에서 약자였던 그들은 전근대 농노·노예보다 못한 비참한 삶을 살아가야 했다. 가족을 건사하기엔 턱없이 부족한 박봉을 받으며 휴일도 없이 하루 10시간이 넘는 중노동에 시달렸다. 10대 초반의 어린이들조차 학교에 가는 대신 공장에서 일하며 온종일 중노동에 시달리는 경우도 비일비재했다. 오갈 데 없던 저임금 노동자들이 도시 변두리에 몰려들면서 빈민가가 형성되고 확대되었다.[56] 도시 빈민가는 자연스레 빈곤을 확대·재생산하는 악순환의 공간으로 탈바꿈했다. 도시 빈민들은 번화가에서 화려한 삶을 누리는 부유층이나 중산층과 사회적·공간적으로 격리당한 차별받는 계급으로 굳어졌다.

당시 차별의 공간은 하나 더 있었다. 공장제 기계공업이 산업의 주력으로 떠오르면서 전통적 수공업·농업 등과 다르게 일상생활과 경제활동을 하는 공간이 분리되기 시작했다.[57] 남성은 경제활동 공간에서 일하고, 여성은 일상생활 공간에서 전업주부로서 가사노동과 양육을 도맡는 식의 성역할 구분이 확고해졌다. 도시는 출퇴근하고 사회생활을 하는 남성의 활동을 위한 공간으로만 기능했다. 이러한 추세는 미국 및 서유럽 기준으로 1960~1970년대까지 지속되었다.

이 같은 성차별은 도시 빈민가처럼 자본주의로부터 차별받고 배제당한 공간과 다중스케일적으로 맞물리면서 여성의 경제적·사회적 차별과 배제를 더한층 심화했다. 일례로 영국의 최전성기였던 빅토리아 여왕 재위기(1832~1901)에 노동계급 여성들의 상당수는 강요를 이기지 못해 매춘에 나서야 했다. 가장을 잃은 빈민이나 노동계급 가정에서 여성이 가족을 건사하자면 매춘 외에는 돈벌이 수단이 없었기 때문이다.[58]

물론 자본주의의 도시 공간이 오로지 성차별을 심화하기만 했다고 단정 짓기는 어렵다. 20세기 초반의 여성 참정권 운동, 탈권위주의와 탈가부장제에 크게 이바지한 유럽의 68운동부터 오늘날의 여권운동에 이르기까지, 도시는 성평등과 여권신장을 위한 공간으로도 작용해 왔다.[59] 하지만 산업자본주의가 만든 도시의 성불평등 공간이라는 속성은 그 정도나 방식에 차이가 있을지언정 오늘날에도 사라지지 않았다.

제국주의, 서구의 불균형을
비서구 공간까지 확산하다

산업자본주의가 전 세계로 확산하면서 벨에포크 시대 산업도시의 공간적 분절과 차별 역시 비서구 세계로 퍼져가기 시작했다. 비서구 세계는 서구 산업도시의 빈민가보다도 더욱 억압받고 착취당하는 공간으로 전락했다. 유럽에서도 산업자본주의로부터 소외된 지역은 비서구 세계의 식민지와 별반 다를 바 없는 땅이었다.

서구 해외 식민지 쟁탈전의 효시는 산업혁명보다 2~3세기 앞선 대항해시대까지 거슬러 올라간다. 그러나 18세기까지 서구의 식민지는 아메리카대륙, 아프리카 일부 해안지대, 그리고 아시아 일부 지역 정도였다. 영국과 프랑스가 15세기 말부터 인도에 건설하기 시작한 식민지는 광대한 인도 영토와 비교했을 때 극히 일부분에 불과했으며, 포르투갈도 16세기부터 마카오에 진출했지만, 이는 명나라에 거액의 임대료를 지급하고 개항장을 임대하는 방식이었다.

하지만 산업자본주의가 본격적으로 성숙하면서 서구와 비서구 세계의 경제적·지정학적 질서는 급변하기 시작했다. 산업자본주의가 가져온 막대한 산업 생산력과 급속히 발전한 과학기술, 그리고 금융자본의 힘으로 월등히 증가한 자금 동원 능력[60] 덕분에 서구 열강은 비서구 세계 대부분을 식민지나 속국으로 삼는 데 성공했다. 18세기까지 세계 최강국이었던 청나라는 1840년에 일어난 아편전쟁에서 영국에 참패한 뒤, 서구 열강과 차례대로 불평등 조약을 체결하며 영토와 이권을 빼앗겼다. 영국이 아편전쟁을 일으킨 실질적 이유가 청나라와의 자유무역 보장*이었으니, 아편전

....

* 청나라의 무역은 조공무역, 즉 왕실과 중앙정부가 철저히 계획·통제하는 형태였다. 다시 말해 근현대 자본주의와는 한참이나 거리가 먼 형태였다. 영국은 이미 18세기부터 청나라와의 자유무역을 시도했으나, 청나라 조정은 이를 거부해 온 터였다. Arrighi, F., Hui, P.-K., Hung, H.-F., and M. Selden, "Historical capitalism, East and West," In *The Resurgence*

쟁을 비롯한 서구 열강의 중국 침략은 다분히 자본주의에 바탕을 둔 셈이었다. 무굴제국 몰락 이후 분열한 인도는 18세기 중반에 영국의 식민지가 되었고, 동남아시아와 아프리카 대부분도 영국, 프랑스, 독일, 이탈리아, 벨기에 등의 식민지로 전락했다. 1910년에는 일본이 조선을 완전히 병합했다.

비서구 세계를 서구 열강의 식민지로 완전히 몰아넣은 가장 근원적인 힘은 경제와 자본이었다. 공장에서 대량으로 생산한 값싼 서구의 공산품이 비서구 세계로 유입되면서 전통적 수공업 경제는 가격경쟁력을 잃은 채 고사했다. 그 대표적 사례가 인도의 면방직 산업이었다. 인도산 면직물의 품질과 생산력은 17~18세기까지 세계 최고 수준이었지만,[61] 19세기부터 경쟁력을 잃고 결국 영국에 경제적으로 종속된다. 다른 비서구 지역도 마찬가지였다. 아프리카는 서구의 경제적 침략을 이기지 못해 몰락한 뒤 서구 열강의 자원 수탈에 적합하도록 경제구조가 바뀌면서 예속되고 말았다.[62] 일제는 독점적 철도부설 및 광산 개발, 저렴한 공장제 면직물 광목의 생산 및 판매 등과 같은 경제적 침략을 통해 한반도 경제를 잠식한 뒤 식민지로 만들었다.[63]

19세기 말에서 20세기 초반의 세계는 서구 열강과 그들의 식민지라는 두 영역으로 나뉘었다. 식민지에도 철도와 도로, 대규모

of East Asia: 500, 150 and 50 Year Perspectives, Eds. G. Arrighi, T. Hamashita, and M. Selden, pp. 259–333. London: RoutledgeCurzon, pp. 290–294, 2004.

산업 시설, 현대적 건물과 도시가 들어섰으니 '근대화'의 영광을 함께 누렸다고 볼 수 있을까? 하지만 이 같은 산업 인프라와 도시 공간은 본국의 식민지 지배와 착취를 위한 수단일 뿐이었다. 식민지인 대부분은 자원과 식량은 물론 저임금 단순노동에 시달리며 노동력까지 착취당했고, 자력으로 건실하게 자본주의경제를 건설 및 발전하는 데 필요한 지식·기술·노하우 등은 전수받지 못했다. 제국주의 침략과 식민 지배로 전통적 경제기반이 고사한 데 이어, 새로운 자본주의경제 체제를 오롯이 건설할 힘을 기를 밑바탕조차 제거된 셈이었다.

반反자본주의 확산으로
분열하는 지구

○
●
○

19세기 중후반 제국주의 열강으로 거듭난 자본주의 선진국들은 세계 각지에서 팽창주의 대립을 이어갔다. 통일 이후 독일이 손꼽히는 자본주의 강자로 부상하면서, 정확히는 이미 세계 최강국 반열에 오른 뒤 팽창 노선을 노골화하면서 제국주의·자본주의 열강의 대립은 걷잡을 수 없을 만큼 심각해졌다. 그로 인해 자본주의 경제의 중심지 유럽은 '화약고'로 바뀌었고, 그러한 대립이 폭발한 결과가 제1차 세계대전이었다.

전쟁이 완전히 끝나기도 전, 자본주의와 그것이 몰고 온 수많은 부조리에 경고등이 하나둘씩 켜지기 시작했다. 우선은 세계 최초의 공산국가 소련의 건국이었다. 이후 자본주의 세계의 수많은 노동자, 진보성향의 지식인들은 소련을 전범典範으로 삼으며 또 다른 공산국가를 세우기 위한 노동운동과 공산주의운동을 이어갔다.

그렇다고 이 사건들이 산업자본주의의 종말을 가져온 것은 아니었다. 전쟁터가 된 유럽은 심각한 경제손실을 감내해야 했지만, 산업자본주의는 미국으로 지리적 무대를 옮겨가며 엄청난 호황을 누렸다. 전쟁 전에 이미 세계 최대 경제대국으로 부상한 미국은 전쟁터가 아니었기에 전쟁 피해도 크지 않았고, 오히려 막대한 전쟁 특수를 누렸다. 그리고 1920년대 중반 무렵부터는 전후 복구가 상당 부분 이루어진 유럽으로 미국 대호황의 물결이 옮겨 가면서 전쟁 전 영화榮華가 되살아날 듯 보였다.

그렇지만 그 실상은 산업자본주의가 무너지기 직전의 마지막 화려함에 가까웠다. 전후 호황이 이어지면서 미국을 위시한 자본주의국가의 자본가들과 기업체들은 계속해서 상품 생산에 열을 올렸다. 하지만 아무리 경기가 좋다고 하더라도 구매력이 무한정으로 늘어나지는 않는다. 그러니 언젠가는 수요와 공급의 균형이 무너질 임계점에 다다를 수밖에 없었다.

1929년 10월 하순에 최강국이자 최대 부국이었던 미국 주가가 갑작스럽게 곤두박질치면서 전 세계가 극심한 불황에 빠지고 만다. 바로 대공황이었다. 미국 대도시는 하루아침에 재산과 직장을 잃고 구직 팻말을 목에 건 채 무료 급식소 식사로 연명하는 실업자들로 넘쳐났다. 이 시기를 배경으로 하는 존 스타인벡John Steinbeck의 소설《분노의 포도》는, 대공황기에 최소한의 사회복지도 받지 못하고 정부와 기득권 횡포에 시달리며 심지어 아사 위기에까지 내몰린 미국 노동자와 농민들의 이야기를 생생하게 그렸다.

이미 수명을 다한 고전자본주의, 즉 산업자본주의를 그대로 유지할 수는 없었다. 자본주의는 이제 대대적인 수술로 체질을 크게 바꾸어야만 했다.

하지만 그러기도 전에 대공황은 공산주의와 더불어 자본주의 세계를 위협할 또 다른 세력의 등장을 불러왔다. 바로 극단적 민족주의와 반공주의에 기반한 정치사상, 파시즘이었다. 파시즘은 자본가, 군부, 종교 집단 등 기득권의 대대적인 지지를 받았지만, 국가와 독재정권을 절대시하는 데다 극도의 팽창주의적 속성을 가지므로 자본주의와 공존하기 어렵다. 1919년 이미 이탈리아를 장악한 파시즘은 가뜩이나 제1차 세계대전 패배의 후유증에 시달리다 대공황의 여파로 경제가 완전히 무너져 내린 독일을 지배하기에 이른다.

유라시아 세계를 영토상으로는 물론 경제적으로도 하나로 묶었던 팍스 몽골리카가 몽골제국의 쇠퇴·분열과 더불어 몰락했듯이, 1930년대에는 전 세계 경제를 통합하는 듯 보였던 산업자본주의 역시 그 전성기를 지나며 위기에 처하고 만다.

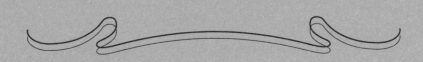

5장

러시아,

유럽을 반토막 낸
공산주의라는 유령

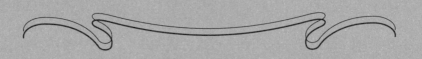

○
●
○

세계에서 가장 큰 나라는 어디일까? 바로 러시아다. 러시아는 이미 17세기 후반에 동유럽과 시베리아, 그리고 아시아의 북동쪽 끝을 잇는 거대한 대륙 국가로 자리매김했다. 우크라이나도 이때 러시아에 편입되었다.

이 시기에 러시아(로마노프왕조)는 유럽 유수의 강국으로 발돋움한다. 우선 표트르 대제Пётр I Великий는 서구 문물을 대대적으로 받아들이며 근대화에 박차를 가한다. 그의 배턴을 이어받은 예카테리나 2세, 알렉산드르 1세Александр I 등은 러시아를 더한층 부강한 나라로 만든다. 알렉산드르 1세 치하이던 19세기 초에는 나폴레옹 군대를 격파하는 등 유럽에서 가장 강대하고 영향력 있는 나라로 성장한다. 그 후로도 영광된 나날들이었다. 중앙아시아와 블라디보스토크를 손에 넣고 발칸반도에서 영향력을 키웠으며, 캅카스와 우크라이나 동부 돈바스에 세계적인 규모의 중공업 시설과 석유 단지를 건설한다. 영토가 커지고 지정학적 영향력이 증대했으며 산업자본주의 역량이 눈에 띄게 발전한다. 잇단 성장세에 제1차 세계대전 발발 직전이던 1913년에는 국가역량종합지수composite index of national capabilities, CINC가 근소한 차이로 영국을 추월하며 미국·독일에 이어 세계 3위를 기록했고, 프랑스를 현저하게

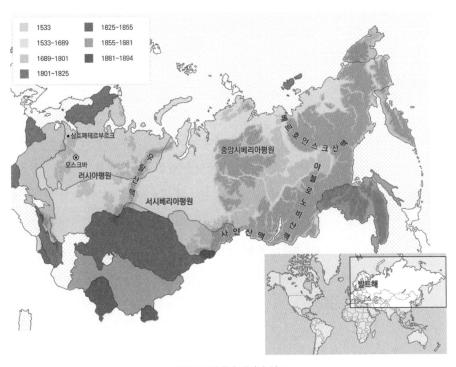

상트페테르부르크

모스크바
러시아평원

중앙시베리아평원

우랄산맥

서시베리아평원

베르호얀스크산맥

야블로노비산맥

사얀산맥

발트해

그림 20 **시대별 러시아 영토**

러시아 중심에는 러시아평원이 자리하고 있다. 이 평원의 중앙부, 오카강Oka´의 지류인 모스크바강 연안에 있는 도시가 바로 모스크바다. 러시아평원이 발트해와 면한 곳에 상트페테르부르크가 위치해 있다. 러시아평원 동쪽에 우랄산맥이 자리하고 있는데, 우랄산맥은 유럽과 아시아의 경계를 따라 남북으로 이어져 있다. 우랄산맥에서 태평양 연안에 북아시아 지역이 시베리아다. 러시아혁명 이후 풍부한 자원이 개발되어 전 세계적으로 주목을 받았던 곳이다.

앞선다.[64] 당시 해가 지지 않는 나라라 불린 대영제국이 가장 두려
워한 나라가 바로 러시아였다.

얼어붙은 바다에 갇힌
반쪽짜리 자본주의

19세기에 나폴레옹전쟁에서 승리하고 중앙아시아를 정복하면서
국력을 크게 신장한 러시아는 서유럽의 산업혁명을 적극적으로
받아들이며 산업자본주의로의 경제체제 전환에 박차를 가했다.
이미 1820년대 중반부터 근대적 산업화를 본격적으로 받아들인
덕분에 국민소득 및 GDP에서 제조업이 차지하는 비중도 꾸준히
증가했다.[65] 산업화 시기 자체만 놓고 보면 프랑스 같은 서유럽 자
본주의 선진국에 비해 늦은 것도 아니었다.

　석탄과 철광석이 풍부한 돈바스, 세계적 유전지대인 캅카스
산맥과 카스피해 연안 등지는 세계적 중화학공업 지대로 거듭나
며 러시아의 산업자본주의 발전을 견인했다. 러시아 황실은 산업
화 과정에서 외국자본과 기업의 투자 유치를 위한 노력도 게을리
하지 않았다. 캅카스산맥과 카스피해 연안의 석유를 개발할 때는
미국 자본, 그리고 노벨상의 제창자 알프레트 노벨의 형인 루드비
그 노벨Ludvig Nobel과 로베르트 노벨Robert Nobel 형제의 도움을 받기
도 했다.

농업 부문에서도 큰 혁신이 일어났다. 그 핵심은 우크라이나 서부 땅에 있었다. 러시아의 거대한 영토 가운데 상당 부분은 척박한 땅이어서 그만큼 인구부양력도 생산성도 낮을 수밖에 없었다. 시베리아 같은 곳은 말할 것도 없고, 유럽 러시아 역시 겨울이 긴 편이고 흑해에 연한 우크라이나 남부는 농사짓기에 적합하지 않은 스텝지대가 넓게 펼쳐져 있다. 하지만 우크라이나 스텝지대는 강수량이 적어서 척박했을 뿐, 매우 비옥한 흑토黑土인 체르노좀이 분포하고 있어 농업용수 문제만 해결되면 잠재력이 큰 땅이었다. 19세기에 접어들어 이곳은 농업기술 혁신에 힘입어 러시아 농업의 중심지이자 세계적 곡창지대로 거듭났고, 그 덕에 러시아는 외국에 밀을 비롯한 곡물을 수출하는 나라가 된다.[66]

이처럼 산업자본주의가 발전하며 경제발전을 이어가는 듯 보이지만, 한편으로는 실상 서유럽에서 중세 말기와 근세 초기에 사라진 농노제가 남아 있는 등 후진성을 면치 못하고 있었다. 후진적 사회구조는 생산성과 효율성을 떨어뜨릴 뿐만 아니라 시장경제 성장을 저해하므로 견실하고 내실 있는 자본주의 발전도 그만큼 어렵다. 러시아혁명에 참여한 아나키즘 사상가 빅토르 세르주 Victor Serge 는 러시아의 귀족정치와 농노제가 자본주의 발전을 가로막는 장애물이며 산업에 종사할 노동력이 부족함에 따라 수공업이 매우 더디게 성장하고 있으므로, 근본적인 개혁을 해야 한다고 피력한 바 있다.

왜 러시아 산업자본주의는 이와 같은 내화 외빈 수준의 구조를 떨쳐내지 못했을까? 이는 시민계급이 충분히 성장하지 못한 채 위로부터의 자본주의 개혁이 이루어진 러시아 특유의 지리적·사회구조적 맥락과 관계가 깊다.

러시아는 서유럽과 거리가 상당히 떨어져 있는 대륙국가다. 하지만 두 대륙 사이에는 광대한 평야지대가 펼쳐져 있어 오가기에 편리하다. 그러나 거리 자체가 멀다 보니 러시아가 국가 모습을 갖추며 발전하던 중세에는 서유럽이 아닌 이웃한 동로마제국과 주로 교류했다. 정교회*, 키릴문자** 등에서 볼 수 있듯이, 러시아 사회와 문화는 봉건국가 서유럽이 아닌 중앙집권국가 동로마제국의 영향을 강하게 받으며 발전한다.

13~15세기에는 몽골제국의 속국으로 편입되어 몽골 문화의 영향을 강하게 받았고, 이 과정에서 러시아는 서유럽보다 훨씬 가부장적이고 권위적인 문화가 지배하는 땅으로 변모했다. 그런 러시아에서 시민계급의 성장을 기대하기란 애초부터 어려웠을지도 모른다. 서유럽에서 재정혁명이 일어나고 있던 17세기에 러시아 귀족들은 몽골풍의 수염을 기르고 몽골제국의 유산인 의복을 입었다. 그러다 보니 러시아는 서유럽은 물론 폴란드, 체코처럼 로마

....

* 　그리스도교의 한 종파로, 동로마제국의 국교였다. 1054년 로마를 중심으로 하는 가톨릭교와 분리되었는데, 로마 교황을 인정하지 않는다.

** 　9세기에 그리스의 선교사 키릴로스가 고안한 것이라고 전해지나 확실하지는 않다. 현재 러시아 문자의 모체다.

가톨릭을 받아들이며 서유럽 문화에 포섭된 다른 슬라브계 동유럽 국가와 비교해도 이질성이 크다. 그래서인지 러시아를 유럽이 아닌 아시아로 여기는 풍조가 지금껏 계속되고 있다.

그렇다면 포르투갈과 에스파냐처럼 대양으로 진출하면 되지 않았을까? 러시아는 지리적 특성상 대양으로 진출하기에 불리하다. 유빙이 떠다닐 만큼 추운 북극해는 항해할 수 없는 해역이고, 발트해와 흑해는 육지에 둘러싸인 닫힌 바다다. 더욱이 발트해는 17세기까지는 독일 북부의 한자동맹이나 스웨덴이 지배하던 곳이었다. 그러다 보니 러시아에게 서유럽의 지리상의 발견은 남의 일일 수밖에 없었다.

이에 표트르 대제는 서유럽에 비해 많이 낙후한 러시아를 강대국 반열에 올리기 위해 개혁을 추진한다. 서유럽의 과학기술과 문물을 대대적으로 받아들이며 서구화를 단행했다. 그 과정에서 귀족들의 몽골풍 수염을 손수 자르는 등 개혁을 저해하는 낡은 관습을 강력하게 철폐하며 기득권의 반발을 무마했다.

또한 대륙국가의 한계를 극복하기 위해 발트해 동쪽 끝에 자신의 이름을 딴 항구도시 상트페테르부르크를 건설한 뒤 1712년에 수도를 모스크바에서 이곳으로 옮겼다. 상트페테르부르크 조선소에서는 러시아의 해양 진출을 책임질 무역선과 군함이 건조되었다. 표트르 대제가 심혈을 기울여 건설한 발트 함대는 17세기에 발트해를 지배하던 스웨덴 해군을 상대로 승리를 거두는 쾌거까지 올렸다. 비록 오래 유지하지는 못했지만, 19세기에 알래스카

그림 21 **귀족의 수염을 자르려는 표트르 대제**

몽골 문화의 잔재를 일소하고 서구화 개혁을 추진하기 위해 귀족의 몽골풍 수염을
손수 가위를 들고 자르는 표트르 대제를 묘사한 18세기 그림이다. 이 그림은 개혁에
대한 그의 강력한 의지와 더불어 당시 개혁이 위로부터의 전제적 성격이었음을 잘
보여준다.

를 비롯한 북아메리카 일부 영토를 확보하기도 했다.

　이러한 표트르 대제의 개혁은 러시아를 강국으로 발돋움시키

지만, 시민계급이 성숙한 나라로 만들지는 못했다. 그가 개혁에 필

요한 재정을 마련하기 위해 물린 무거운 인두세는 평민층이 시민

계급으로 성장하는 대신 귀족에 예속된 신세로 전락하는 결과를

빚었다. 또한 그가 강력하게 다진 왕권은 그의 사후에는 귀족들이

무능하거나 범용한, 또는 권력 기반이 약한 황제를 조종하며 자신

들의 기득권을 공고히 하고 신분 질서를 더한층 강화하는 도구로 변질되었다.[67]

표트르 대제가 추진한 개혁은 분명 부국강병을 상당 부분 이룩하며, 자본주의경제가 양적으로 성장할 수 있는 토대가 되었다. 하지만 그의 개혁은 금융과 재정의 혁명, 그리고 시민계급의 성장이라는 러시아 경제와 사회의 질적인 변화와 혁신으로 이어지지 못했다. 그의 후계자들도 마찬가지였다. 그 결과 러시아는 '비서구적'인 대륙국가에서 온전히 탈피하지 못한다. 러시아에 이식된 자본주의는 '대륙의 유산'을 완전히 벗어나지 못한 채 자유와 시민계급이라는 자본주의의 질적 요소를 오롯이 성장시키지 못한 '반쪽짜리'였다.

그레이트 게임은
팽창주의의 패착이었을까?

내부적 문제가 만만치 않았다고는 하지만, 어찌 되었든 19세기 러시아는 국력을 신장해 가며 대외 팽창의 드라이브를 이어갔다. 그 덕분에 중앙아시아 대부분을 정복할 수 있었다. 중앙아시아는 유라시아 내륙 교통의 요지인 데다가 천연자원이 풍부했지만, 그 지리적 위치로 인해 다른 유럽 열강이 진출할 가능성이 희박했다. 게다가 그 당시 중앙아시아에는 막강한 국력을 자랑하던 티무르

제국* 같은 대제국도 없었고 군소국가들로 분열해 있었다. 한마디로 19세기 중앙아시아는 러시아가 팽창하기에 안성맞춤이었고, 정복할 가치 또한 대단히 큰 땅이었다. 이때 획득한 세계적 석유 산지 캅카스와 같은 천연자원 산지는 러시아의 산업화는 물론 훗날 소련과 러시아연방 경제에도 큰 도움을 주었다. 산업혁명 이후에는 천연자원이 산업과 경제의 핵심 요소이자 새로운 자본으로 떠올랐기 때문이다.

영국은 중앙아시아를 통한 인도로의 진출을 우려해 러시아의 영토 팽창을 견제했다. 19세기 초반부터 1900년대까지 한 세기 내내 세계 각지에서 이어진 '그레이트 게임 Great Game'의 효시였다. 이는 영국과 러시아 사이에 이어졌던 패권 투쟁을 가리킨다. 하지만 영국은 유럽대륙에서 떨어진 섬나라이므로 러시아의 서쪽 진출을 완전히 저지하기에는 지리적 한계에 봉착할 수밖에 없었다. 그런 영국에는 인도가 있었다. 그래서 러시아는 인도를 도발하지 않으려고 아프가니스탄을 중립지대로 삼자고 제안하는 등의 외교적 시도를 하며 중앙아시아에 대한 지배력을 다져갔다.**

대외적인 성장에 발맞춰 알렉산드르 2세Александр II는 대내적

⋯⋯⋯

* 1369년부터 1508년까지 중앙아시아를 지배했던 왕조로, 수도 사마르칸트는 동서 무역의 요충지로 번성을 누렸다.

** 1885년 제정러시아는 영국과의 영토협정을 통해 중앙아시아에 대한 지배권을 외교적으로 확고히 인정받았다. 양정훈, 〈러시아의 대중앙아시아 외교정책의 변천과정〉, 《슬라브연구》, 21(1), p. 144, 2005.

인 개혁에 착수했다. 이에 농노제 폐지와 대규모 산업단지 및 철도와 같은 인프라 건설을 골자로 하는 대대적인 사회경제제도 개혁을 발표했다. 그의 개혁으로 1860년대 이후 러시아의 공업 생산력과 경제 규모가 눈에 띄게 증가했으며, 석유산업과 제철산업을 비롯한 중화학공업의 규모와 수준도 대폭 확대되었다. 농업 위주의 러시아 경제는 빠른 속도로 제조업 중심으로 재편되어 갔다.

하지만 그만큼 한계도 뚜렷했다. 시민계급의 성숙도 자유주의의 확산도 제대로 이루어지지 못한 탓이었다. 표트르 대제의 개혁이 그랬듯, 알렉산드르 2세의 개혁 또한 본질적으로 위로부터의 개혁이었고 기득권은 너무나 공고했다. 사실 알렉산드르 2세가 농노제 폐지를 단행한 배경에는 낡은 체제에서 탈피해 산업화와 자본주의경제의 성숙을 꾀함은 물론, 농노에 대한 수탈에 뿌리를 두고 있던 귀족층의 공고한 기득권을 완화하는 데 있었다. 나아가 국가체제를 흔들 수도 있던 농민반란의 위협을 잠재우려는 목적도 있었다.[68]

그런 알렉산드르 2세의 의도와 달리, 극심한 가난과 착취에 시달리며 자본의 축적도, 교육을 통한 지식이나 기술의 획득도 하지 못한 농노층이 하루아침에 시민계급으로 성장할 리 없었다. 러시아의 산업과 경제가 외적으로 성장하는 가운데 가진 것 하나 없이 그저 법적인 신분만 자유민으로 바뀐 농노 대부분은 도시로 흘러 들어가 자본을 가진 특권층에게 착취당하는 저임금 노동자로 전락했다.[69]

그러다 보니 러시아의 산업화와 자본주의 혁명은 서유럽만큼 빠르고 안정적으로 이루어질 수 없었다. 게다가 러시아의 영토와 인구 규모가 워낙 컸기에 경제 규모 자체는 세계 수위급으로 커졌지만, 1인당 GDP와 노동력의 질적 수준은 1910년대까지 서유럽보다 크게 뒤처졌다.[70] 결국 알렉산드르 2세의 개혁은 특권층과 노동자·농민 두 계급의 불만을 불러왔고, 그는 1881년 급진 테러 집단에 의해 목숨을 잃고 만다. 이에 그의 후계자 알렉산드르 3세 Alexandr III는 대대적인 반동 정책을 시행하며 자유주의 운동과 민중을 가혹하게 탄압했다.

　　러시아가 영토를 팽창해 갈수록 영역 바깥의 스케일에서도 모순과 문제가 계속해서 커졌다. 마치 한 세기 전의 프랑스가 영국을 압도하는 국력을 가졌음에도 영국과의 경쟁에서 패배했듯이, 러시아 역시 국내 스케일의 모순과 문제점이 국외 스케일로까지 불거졌다.

　　크림전쟁(1853~1856)은 그레이트 게임과 내부적 모순이라는, 19세기 러시아가 직면했던 다중스케일적 모순과 어려움을 여실히 보여준다. 오스만제국을 굴복시킨 뒤 흑해를 완전히 장악하고 지중해로 진출할 지리적 발판을 확보하려던 러시아의 야망은 오스만제국과 연합한 영국, 프랑스, 사르데냐·피에몬테왕국의 연합군에 의해 좌절되고 말았다. 러시아군의 규모는 연합군 전체 전력을 합한 것보다 확연히 컸고, 영국과 프랑스가 참전하기 전에는 군사 기술의 우위를 뽐내며 오스만제국 해군을 무력화했다. 하지만 영

그림 22 **러시아의 농노 해방 상징물**

크림전쟁에서 패배한 알렉산드르 2세는 개혁의 필요성을 절감하고 1861년 '농노 해방령'을 발표했다. 농노의 신분에서 벗어난 농민들은 일정한 기준에 따라 토지를 배당 받았지만 토지 소유권은 '미르mir'라고 하는 러시아 농민 자치 공동체에 이양되는 경우가 많았다. 결국 농민들은 유랑민이나 도시 빈민으로 몰락하는 등 농민들의 생활은 크게 바뀌지 않았다. 이것이 1917년 러시아혁명을 촉발하는 원인으로 작용하기도 했다.

국군과 프랑스군과 비교했을 때는 무기의 질적 수준이 확연히 열악했다. 농노 위주의 징집병으로 이루어진 러시아군은 영국과 프랑스군에 여러 차례 패배하면서 무려 50만 명이 넘는 인명 피해를 입었다. 이에 비해 연합군 사상자는 총 22만여 명이었다. 구소련의 역사학자 세르게이 싀로프Сергей Сыров는 크림전쟁에서, 낙후된 봉건제 국가 러시아가 서유럽 자본주의국가들을 상대로 패배했다고 논평했다.[71] 알렉산드르 2세가 대대적인 개혁에 나섰던 배경에는 크림전쟁의 패배에 따른 심각한 위기의식이 자리 잡고 있었다.

이에 러시아는 동쪽으로 눈을 돌려 서구 열강과의 전쟁에서 연달아 패하며 곤경에 처한 청나라에 접근했다. 그러고는 열강과의 중재를 알선해 준 것을 대가로, 아무르강 북쪽 영토와 연해주를 획득해 부동항 블라디보스토크를 건설하며 만주에까지 영향력을 떨쳤다. 동쪽으로 계속해서 영토를 확장한 끝에 태평양에 진출할 지리적 발판까지 확보했다.

또한 수백 년에 걸쳐 오스만제국의 지배를 받던 세르비아를 비롯한 발칸반도 국가들이 독립하는 데 많은 영향력을 행사했다. 그 덕분에 19세기 러시아는 국제사회에서 해양 제국 영국과 어깨를 나란히 하는 세계 최강의 대륙 제국으로 위상을 다져갔다. 그리고 러시아·튀르크전쟁(1877~1878)에서 오스만제국에 승리함으로써 크림전쟁의 패배를 설욕했다.

하지만 사회·경제 모순과 부조리가 근원적으로 개선되지 못한 가운데 이루어진 대외 팽창은 국가재정에 적잖은 부담을 주었고, 무엇보다 영국은 그레이트 게임에서 이기기 위해 계속해서 러시아의 팽창을 방해했다. 여기에 미국이 태평양에 진출하면서, 그레이트 게임의 무게추는 영국 쪽으로 더한층 기울어졌다. 이 같은 지정학적 질서의 변화는 러일전쟁(1904~1905)으로 폭발했다. 유럽 전선에 주력군을 묶어두어야 했던 탓에 병력 충원과 보급에 차질을 빚게 된 러시아 극동군은 영국과 미국으로부터 대대적인 지

그림 23 러시아가 산업자본주의로 이행하는 과정에서 벌어진 크림전쟁

1853년 러시아 니콜라이 1세 **Николай I** 는 적극적인 팽창정책을 추진하며 흑해로 진출하기 위해 오스만제국을 침략했다. 이를 계기로 영국과 프랑스 등이 뛰어들면서 국제전인 크림전쟁으로 발전했다. 하지만 전쟁 중에 니콜라이 1세가 사망하면서 그의 뒤를 이은 알렉산드르 2세가 이 전쟁을 지휘했다. 그러나 러시아가 패배하면서 남진 정책은 좌절되고 말았다.

원을 받은 일본군의 공세 앞에 소극적인 대응과 수세로 일관했다. 게다가 러시아의 구원투수와도 같았던 제2 태평양함대는 영국의 방해와 견제로 지나치게 먼 항로를 따라 항해하며 탈진하다시피 한 끝에 일본 해군에 섬멸당했다. 러일전쟁의 패배는 러시아의 위신과 재정에 치명타를 입혔고, 그로 인한 상처가 가뜩이나 힘들었을 하층민의 삶을 더한층 피폐하게 만들었음은 자명했다.

위로부터 개혁의 한계,
세계 최초 공산국가로 이어지다

러시아혁명의 전운은 러일전쟁이 끝나지 않았던 1905년 1월 22일
에 이미 감돌기 시작했다. 일요일이었던 이날 노동자와 하층민은
황제 니콜라이 2세Николай II에게 자신들의 목소리를 직접 전하면,
신과도 같은 존재인 차르(황제)가 무능하고 부패한 귀족층을 응징
하고 러시아를 살기 좋은 나라로 바꾸어줄 것이라고 믿었다. 하지
만 황제가 평화롭게 가두행진하는 시위대에 발포를 명하면서 천
명이 넘는 사상자가 발생했다. '피의 일요일'이라 불리는 이 사건
으로 민중은 황제에 대한 신뢰를 완전히 잃었으며, 러시아 전역에
서 '1905년 러시아혁명' 또는 '제1차 러시아혁명'이라고 불리는
대대적인 파업이 일어났다.[72]

그런 상황인데도 러시아는 러일전쟁에서 패배한 뒤 팽창주의
노선을 고수하며 범슬라브주의*를 내세워 발칸반도 방향으로 영
향력 확대를 꾀했다. 그 과정에서 발칸반도로 진출하던 오스트리
아·헝가리제국 및 그 동맹국인 독일과 충돌을 빚었고, 이는 결국
제1차 세계대전으로 폭발했다.

....

* 슬라브 민족의 결속과 통일을 목표로 한 정치·사회사상 운동을 가리킨다. 19세기 중엽
러시아가 자본주의 발흥기에 접어들면서부터 내셔널리즘 운동으로 발전했으며, 더 나아가 제국
주의 이데올로기로 자리 잡으면서 제1차 세계대전의 원인이 되었다.

1913년까지 양적으로 꾸준히 성장하던 러시아 경제는 제1차 세계대전으로 마이너스성장을 거듭하며 양적 규모마저 위축되었다.[73] 심지어 전쟁 말기에는 영토 일부를 독일군에 점령당했다. 제1차 세계대전은, 개전 이전에 이미 한계에 다다랐던 러시아 경제와 사회에 사형선고를 내린다.

1917년 3월(러시아력 2월)[*], 전쟁과 경제난에 지친 노동자들이 전국적으로 파업과 봉기를 일으켰고, 진압군마저 이들에 합류하면서 결국 러시아는 무너졌다(2월 혁명). 니콜라이 2세로부터 권력을 넘겨받은 이들은 멘셰비키Меньшевики라 불리는 자본가, 지식인 중심의 정치집단이었다. 여기까지만 보면 프랑스대혁명의 전개 과정과 비슷하다.

하지만 1917년의 러시아는 1789년의 프랑스와 달랐다. 시민 계급이 성숙하지 못한 러시아에서 멘셰비키는 기득권 가운데 자유주의의 영향을 받은 이들이 모인 정치집단에 불과했다. 애초에 멘셰비키라는 단어 자체가 러시아어로 '소수파'라는 뜻이다. 그러다 보니 멘셰비키는 구체제의 모순을 적극적으로 타파하고 개혁

········

[*]   서구 그리스도교 세계는 원래 고대 로마의 율리우스 카이사르Julius Caesar가 제정한 역법인 율리우스력을 사용했는데, 지구의 자전 주기가 정확히 365일에 딱 맞아떨어지지 않다 보니 시간이 갈수록 달력의 날짜와 실제 계절이 조금씩 맞지 않는 문제가 생겼다. 1582년 교황 그레고리오 13세Papa Gregorio XIII는 윤년을 집어넣어 율리우스력의 문제를 조정한 그레고리력을 발표했고, 서유럽 국가들이 이를 채택한 이래 지금까지 세계 역법의 표준으로 쓰고 있다. 하지만 러시아정교회가 지배하던 러시아는 러시아혁명 이전까지 율리우스력을 사용했으며, 이 때문에 러시아에서 1917년 3월과 11월에 일어난 혁명을 각각 2월 혁명, 10월 혁명이라 부른다.

할 의지도 동력도 부족했고, 무엇보다 패색이 짙어진 전쟁을 계속해서 이어갔다. 그러니 멘셰비키가 러시아인의 대다수를 차지하는 하층 노동자와 농민층의 지지를 얻기란 애초부터 불가능에 가까운 일이었다.

2월 혁명으로 혼란한 상황에서 두각을 나타낸 이가 강경파 마르크스주의 정치집단인 볼셰비키Большевики의 지도자 블라디미르 레닌Владимир Ленин이었다. 레닌은 1917년 11월(러시아력 10월), '모든 권력을 소비에트Совет로'라는 슬로건 아래 무장봉기를 일으켜 정권을 장악했다(11월 혁명). 11월 혁명은 멘셰비키 정권에 실망한 러시아인 대다수로부터 지지를 받았다. 결국 러시아의 권력은 볼셰비키 손에 들어갔다. 이로써 세계 최초의 공산국가 소비에트연방, 즉 소련이 탄생했다.

제1차 세계대전과 두 차례의 혁명, 그리고 내전까지 겪은 소련의 경제는 큰 폭으로 후퇴했다. 경제체제는 자본주의가 아닌, 공산주의식 계획경제로 노선을 지향했다. 서유럽과 달리 전제적 성격이 다분했던 황실과 강력한 특권을 누리는 귀족층이 주도한 위로부터의 '반쪽짜리' 자본주의 혁명이 이루어졌던 러시아에서, 제대로 된 시민계급의 성장과 온전한 자유시장경제의 발달이라는 경험 없이 일어난 공산혁명의 결과였다.

이러한 상황 속에서 레닌을 비롯한 소련의 지도자들은 공산혁명 과정에서는 불가피하게 노동자계급의 독재(프롤레타리아 독재)가 일정 기간 이루어져야 한다는 마르크스의 주장을 따랐다. 그리고 소련과 공산주의를 타도하려는 자본주의 세력의 현실적인 위협을 근거로, 공산당 일당독재가 지배하는 나라로 만들려고 했다. 마르크스주의와 깊은 관계가 있지만, 자본주의에도 많은 영향을 미친 마르크스주의와는 차별화되는 사상인 마르크스·레닌주의, 즉 공산주의가 이로써 그 모습을 본격적으로 드러냈다.*

결론적으로 러시아혁명은 자유주의나 민주주의가 아닌, 그렇다고 해서 노동자의 자율적인 정치와 재화의 분배가 이루어지는 마르크스주의의 이상적인 공산사회도 아닌, 관료제에 입각한 독재정치를 가져왔다.

레닌 사후 정적들을 교묘히 제거하며 권력을 장악한 이오시프 스탈린Иосиф Сталин은 극단적 독재와 공포정치, 대규모의 자국민 학살을 자행했다. 하지만 정부 주도의 중공업 중심 경제개발계획인 5개년계획으로 1930년대 후반에는 소련의 경제 규모를 세계 2·3위 수준으로 끌어올렸다.

빠른 경제 성장세를 보이던 상황에서 1939년 역사상 전무후무한 제2차 세계대전이 일어났다. 소련은 참전국 중에서도 독보적으로 대량의 인적·물적 손실을 보았지만, 그렇다고 해서 경제가 수십 년 이상 후퇴한 것은 아니었다. 전쟁과 전후 복구 과정에서 스탈린의 카리스마와 관료제는 단기적·가시적으로는 큰 효과

....

* 소비에트는 본래 대표자회의, 평의회라는 뜻을 가진 러시아어지만, 여기서는 1905년 러시아혁명 이후 조직된 파업과 혁명을 지도할 기관인 노동자대표 소비에트를 말한다.

를 거두었고, 전후 복구에 대한 소련 국민의 의지도 대단히 강했다. 전쟁 중 소련은 넓은 국토를 활용해 상당수의 주요 산업 시설을 후방으로 이전해 놓았고, 그 덕에 산업 능력을 상당 부분 보존할 수 있었다. 게다가 풍부한 자원도 전후 복구에 도움이 되었다. 또 수백만 명이 넘는 독일군, 일본군 포로들을 종전 후에도 억류하며 전후 복구를 위한 노동력으로 활용했다. 그 덕분에 종전 3년 뒤인 1948년에 국민소득수준은 1938년 때로 회복했고, 1950년대 구매력은 서유럽 선진국에 뒤지지 않을 만큼 커졌다.

하지만 스탈린이 피의 대가로 이룩한 세계 2위의 거대한 경제는 지속되지 못했다. 공산당 일당독재와 계획경제, 경직된 관료주의는 경제의 효율성과 지속적인 혁신을 저해했다. 또한 과도한 군비 지출은 경제에 큰 부담을 안겨주었다. 소련은 분명 초강대국이었으나 미국에 비해서는 경제 규모가 작았다. 게다가 냉전시대에 영국, 프랑스, 서독, 이탈리아 등의 강력한 동맹국 북대서양조약기구North Atlantic Treaty Organization, NATO를 거느렸던 미국에 비해 소련의 동맹국들(바르샤바조약기구Warsaw Pact)은 경제력도 군사력도 확연히 약했다.* 이런 상황에서 미국을 견제하려다 보니 무리한 군비 지출이 이루어질 수밖에 없었다.

1985년 소련의 지도자가 된 미하일 고르바초프Михаил Горбачёв

....

*   8장에서 자세히 이야기하겠지만, 소련과 중국의 관계는 1960년대에 접어들면서 무력
충돌이 빚어질 정도로 악화했다.

는 이 같은 사회체제의 한계를 극복하기 위한 개혁·개방 정책을 단행한다. 표현과 언론의 자유를 대폭 확대한 글라스노스트 Гласность (공표·개방 등을 의미) 그리고 관료제의 부패를 개선하고 시장경제의 점진적 수용을 목표로 한 개혁인 페레스트로이카 Перестройка (재건·재조직 등을 의미)가 바로 그것이다.

1950년대 중반에서 1960년대 중반 니키타 흐루쇼프 Никита Хрущёв 가 시장경제 요소를 도입하는 개혁개방정책을 실시한 바 있지만, 글라스노스트와 페레스트로이카는 그보다 더 자본주의에 가까운 정책이었다. 서구 자본주의 세계는 고르바초프의 정책을 대대적으로 환영했고, 실제로 소련과 서방 세계의 관계는 1980년대 후반 눈에 띄게 개선되었다. 하지만 오랫동안 공산주의 체제를 고수했던, 그리고 그로 인한 모순이 누적될 대로 누적되었던 소련에서 고르바초프의 개혁이 경제와 국민의 삶을 단기간 눈에 띨 만큼 변화시키는 데는 한계가 있었다.

가시적 성과가 나타나지 않자 1991년 8월 18일, 보수파 정치 세력이 고르바초프의 체제 전환 정책에 반기를 들며 그를 감금하고 쿠데타를 일으켰다. 그러나 쿠데타는 당시 모스크바 시장 보리스 옐친 Борис Ельцин 에 의해 진압당했고, 민주주의 투사로서의 이미지를 확실히 굳힌 옐친이 고르바초프를 대신해 소련의 권력을 장악했다. 옐친은 고르바초프로부터 권력을 완전히 빼앗기 위해, 민주주의와 민족주의 논리를 앞세워 소련을 해체한 뒤 선거를 실시해 신생 러시아연방의 대통령으로 취임했다. 이로써 1991년 12월 소련은 역사 속으로 모습을 감추었다. 소련 해체가 신호탄이 되어 대부분의 동유럽 국가 역시 이 무렵 공산주의 체제를 버리고 시장경제 체제를 도입하기 시작했다.

무리하고 무계획적으로 자본주의 체제로의 전환을 추진한 신생 러시아연방은 1990년대에 극심한 경제적 혼란에 빠진다. 1990년대 내내 마이너스 경제성장을 이어가다가 1998년에는 재정난을 타개하기 위해 외국에서 끌어다 쓴 채무에 대한 지급유예(모라토리엄)를 선언하는 지경에 이른다. 1980년대까지 엄연히 초강대국이자 상당한 수준의 복지를 자랑하던 러시아 경제와 사회는 완전히 마비되었고, 극심한 혼란 속에 출산율은 0.9퍼센트 수준으로 떨어진다. 그리고 건전한 시장경제가 자리를 굳힌 대신 '올리가르히'라 불리는 부패한 신흥 재벌이 경제를 독점하기 시작한다.

1999년, 대통령에 취임한 블라디미르 푸틴Владимир Путин은 부패한 올리가르히 다수를 처단하고 현격한 경제성장을 이루었을 뿐만 아니라, 국제사회에서 러시아의 위상을 크게 드높였다. 여기에는 천연가스, 석유 등 러시아 땅에 풍부하게 매장된 천연자원(자원의 산지 중 상당수는 19세기에 획득한 영토에 분포한다)의 힘이 중요하게 자리 잡고 있다.

푸틴 집권 이후 러시아는 천연자원 개발 및 수출을 통해 막대한 오일머니를 벌어들였고, 그 덕분에 경제력과 생활수준이 눈에 띄게 향상되었다. 게다가 유럽 각국이 사용하는 천연가스의 주된 공급처로서 이를 무기로 서유럽을 여러 차례 압박하며 정치적·외교적 우위를 점하고 있다. 한 예로 2008년 러시아는 친서방 정권을 몰아내기 위해 조지아를 침공할 때 서유럽을 압박하는 중요한 카드로 천연가스를 내밀었다.[74] 다수의 러시아 국민은 '위대한 러시아'의 부활을 가져온 푸틴에 열광적인 지지를 보낸다.

하지만 푸틴 정권의 경제정책은 석유, 천연가스 등 에너지산업과 원자재산업에 과다하게 의존한다는 문제점을 갖고 있다. 또한 국가주의와 푸틴 개인의 카리스마를 내세워 정부가 민간기업과 금융을 일정 부분 지배하는 국가자본주의적 성격도 다분하다.[75] 올리가르히의 경제 독점 문제도 완전히 해결하지 못했다. 이는 경제의 지속가능성을 크게 저해하는 요인으로 작용하고 있다. 게다가 푸틴이 장기 집권을 위해 일으킨 조지아 침공, 러시아·우크라이나전쟁(2022~)* 등은 국력 소진은 물론 러시아 경제에 먹구름을 드리울 뿐만 아니라 세계경제에도 악영향을 미치고 있다.

....

* 러시아·우크라이나전쟁의 시작 시점을 러시아의 크림반도 병합(2014)으로 잡아야 한다는 견해도 있다. Kyrydon, A., and Troyan, S., "The Russian-Ukrainian War(2014-2022): Basic preconditions and causes," in *Balkan Social Science Review*, 20, pp. 157-179, 2022.

6장

독일,

파시즘의 불쏘시개가 된
자본주의 후발국의 비극

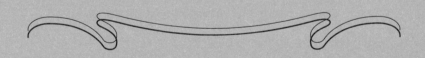

○
●
○

1930년대에는 '파시즘'이라는 또 다른 자본주의의 강적이 등장했다. 제국주의시대의 문을 열어젖힌 산업자본주의를 비교적 뒤늦게 받아들인 후발주자였던 독일·이탈리아·일본은 식민지 경쟁에서도 한발 늦었고, 민주주의 경험 역시 상대적으로 적었다. 여기에 제1차 세계대전과 대공황이라는 거대한 위기까지 더해진 끝에 나타난, 어떻게 보면 자본주의의 변질되고 왜곡된 결과물과도 같은 것이 바로 파시즘이었다.

극우 반공주의 사상이기도 한 파시즘은 자본가, 군부 등 자본주의 체제의 기득권으로부터 지지를 받았다. 하지만 파시즘은 명목상으로만 사유재산을 인정할 뿐, 실제로는 독재정권이 경제활동과 사유재산을 소유하다시피 통제한다. 즉, 파시즘은 자본주의의 기본 원리이자 전제 조건인 자유시장경제를 부정함은 물론, 태생적으로 독재정권을 수반할 수밖에 없는 사상이다. 게다가 파시즘 경제는 군수산업과 전시경제에 지나치게 의존하므로 전쟁 없이는 지속하기 어려운 구조를 가졌다.[76]

결국 이는 제2차 세계대전이라는 또 다른 거대한 전쟁을 불러오며 자본주의 세계를 다시 위기에 빠뜨린다. 파시즘 정권은 이탈리아에서 세계 최초로 수립되었지만, 독일에 이식된 뒤 자본주의 세계를 위협할 정도로 거대해진다. 그런데 시민계급이 제대로 성숙하지 못한 상태에서 자본주의 성장을 이어가다 공산혁명으로 이어진 러시아와 달리 독일은 명실상부한 자본주의의 총아였다. 19세기 후반에서 20세기 초반 독일의 경제 규모는 프랑스를 앞질렀고, 영국·미국에 비견될 정도였으며, 과학기술 수준은 세계 최고에 이르렀다. 1872년에야 통일을 완수했음을 고려하면, 자본주의 경제 성장 속도는 실로 경이적인 수준이었다.

독일 자본주의경제와 국력의 급속한 팽창은, 가뜩이나 제국주의라는 팽창주의적 노선을 견지하던 자본주의 세계의 대립과 갈등을 수면 위로 끌어올렸다. 그러한 대립과 갈등은 제1차 세계대전으로 폭발했고, 서유럽의 전통적 자본주의 강국들을 경악에 빠뜨렸던 독일의 초고속 자본주의경제 성장은 치명타를 맞았다. 벌어진 상처에 병원균이 침범하는 것처럼, 치명상을 입은 독일 자본주의에 파시즘(나치즘)이 파고들면서 자본주의 세계는 또다시 파멸의 위험에 빠지게 된다.

분열에서 하나로, 통일 제국의 탄생

유럽의 중심부는 어디일까? 기준을 어떻게 잡는지에 따라서 다양한 답이 나올 수 있다. 하지만 지리학적으로 접근하면 독일이다.

그래서인지 유럽 여러 나라는 독일, 또는 독일어 문화권과 어떤 식으로든 연결고리를 맺고 있다.[77]

독일은 서유럽·남유럽·동유럽을 잇는 유럽의 사통팔달과도 같은 위치에 자리 잡고 있다. 라인강을 비롯한 주요 하천은 하운河運을 통한 교통로로서의 가치가 크며, 북쪽 해안지대는 해안선이 길지는 않지만, 북해·발트해와 연결된다. 이러한 지리적 이점 덕분에 일찍부터 상업과 무역이 발달했다. 북부 항구도시들의 연맹체인 한자동맹은 13~15세기에 북해와 발트해 무역은 물론 내륙 무역까지 장악하며 엄청난 부를 쌓았을 뿐 아니라 강력한 자체 군대를 보유할 정도였다.

그뿐 아니라 독일은 유럽의 정치적·종교적 중심지이기도 했다. 독일의 모태는 중세 유럽에서 가장 격이 높은 나라였던 신성로마제국이다. 신성로마제국은 교황으로부터 로마제국을 계승한 정통성 있는 후예이자 로마 가톨릭 세계의 보호자로 인정받은 유일한 나라였다. 신성로마제국은 독일 작센왕조의 오토 1세Otto I가 10세기에 유럽을 공포에 빠뜨렸던 기마 유목민 마자르족(오늘날 헝가리인)을 격퇴한 공으로 교황에게 로마 황제의 관을 받으며 성립했고, 일부 기간을 제외하면 독일계 황실이 황제 자리를 차지했다.

이러한 사실만 보면 독일이야말로 유럽의 가장 중심적인 나라였고, 자본주의 역시 독일이 선도했어야 하는 게 아닌가 싶은 생각도 든다. 하지만 현실은 달랐다. 전 유럽에 무용을 떨쳤던 프리드리히 1세 바르바로사Friedrich I Barbarossa를 비롯한 신성로마제국 황제들은 제국의 정치적·종교적 권위를 확고히 다지기 위해 이탈리아 원정에 많은 공을 들였다. 그러나 그들 모두 이탈리아 원정에 성공하지 못했고, 황제가 내치를 게을리한 틈을 타 제후들이 힘을 키우며 나중에는 황제와 대립하거나 황제를 농락하는 지경까지 이르렀다. 대외적으로 독일은 유럽 제일의 강국이었지만, 실제로는 중앙집권화를 이루며 강국으로 발돋움하던 프랑스·잉글랜드·에스파냐와 달리 여러 제후령으로 분열해 가고 있었다.

그러한 독일 분열에 쐐기를 박은 것이 삼십년전쟁(1618~1648)이었다. 전쟁을 종결하기 위해 체결한 베스트팔렌조약(1648)이 독립국이나 제후국의 종교는 군주의 재량에 따르도록 규정함에 따라 독일은 수십에서 수백 개의 주권을 가진 왕국과 제후국인 영방국가領邦國家, territorialstaat로 완전히 분열했다.[*]

분열한 독일은 당연히 통일을 이룬 프랑스, 영국, 스웨덴, 네덜란드에 뒤처질 수밖에 없었다. 중세 중기부터 후기까지 중북부 유럽을 호령했던 한자동맹은 17세기에 접어들어 완전히 소멸했다. 삼십년전쟁으로 국토가 초토화된 데다 크고 작은 영방국가로 분열하기까지 했으니, 독일은 그 지리적 이점에도 불구하고 경제의 발전도 자유의 확산도 지체된 땅으로 남을 수밖에 없었다.

....

* 베스트팔렌조약은 종교적 권위 등이 국가의 영토를 침해하지 못하게 규정함으로써 근대적 영토주권 개념의 막을 열었다고 평가받지만, 결과적으로 중세 후기부터 이어진 독일의 지정학적 분열 상태를 확고하게 만든 측면도 다분히 있다. 이동민, 앞의 책, pp. 333-336, 2023b.

그럼에도 수많은 독일인은 따지고 보면 분열의 단초를 제공한 프리드리히 1세 바르바로사가 언젠가 부활해 강대한 십자군 병력을 이끌고 통일을 이룩할 날을 손꼽아 기다렸다.[78]

분열한 땅 독일에서는 18세기에 접어들어 유럽을 뒤흔들 새로운 강국, 프로이센왕국이 발흥했다. 프로이센은 독일 북부의 군소 제후국이었다가 프랑스와 전쟁을 벌이던 합스부르크제국을 지원한 대가로 1701년에 왕국으로 승격했다. 여기저기 영토가 흩어진 데다 외적의 침입을 방어할 만한 천연 장애물도 미약했고, 토질도 기름지지 않았으며, 당대 주요 교통수단이었던 하천 수로도 발달하지 않은 등 지리적으로 좋은 여건을 가진 나라는 아니었다.[79] 게다가 그 주변에는 프랑스, 합스부르크제국, 폴란드·리투아니아왕국과 같은 유럽 강국들이 자리 잡고 있었다.

그런 상황에서 프로이센은 18세기 중후반에 이르러 유럽에서 손꼽히는 강국이자 가장 정예화된 군대를 거느린 군사 대국으로 발돋움했다. 프리드리히 1세Friedrich I, 프리드리히 빌헬름 1세 Friedrich Wilhelm I, 프리드리히 대왕(프리드리히 2세) 같은 국왕들이 진행한 대대적인 학술 진흥, 농업과 상공업 촉진, 그리고 군사력 강화를 위한 정책 등이 거둔 결실이었다. 특히 프리드리히 대왕 재위기(1740~1786)에 프로이센은 합스부르크제국, 프랑스 같은 강대국들과의 전쟁에서 연승을 거두고 영토와 인구를 대대적으로 확대하며 강국으로 자리매김했다.

나폴레옹전쟁은 프로이센이 통일을 주도하고 자본주의 강국으로 도약할 발판을 마련해 주었다. 나폴레옹 몰락 이후 승전국 반열에 오른 프로이센은 전후 처리 과정에서 통일의 잠재적 경쟁 자였던 오스트리아제국*보다 독일어권에서 훨씬 많은 영토를 얻어냈다. 특히 수운 교통이 발달하고 철광석과 석탄이 풍부해 산업 자본주의의 발전을 견인하는 데 최적의 조건을 가진 라인란트를 획득했다.[80] 나폴레옹전쟁의 또 다른 승전국인 오스트리아제국이 이탈리아 북부에서 영토와 영향력을 키우는 사이, 프로이센은 나폴레옹전쟁의 반대급부로 얻어낸 영토를 기반으로 통일로의 지리적 발판을 한층 더 다져나갔다.

나폴레옹전쟁이 불러온 자유주의의 물결은 군사문화가 사회 전반을 지배하던 프로이센, 나아가 독일 땅의 소프트웨어에도 상당한 수준의 혁신을 가져왔다. 1830년대 이후 독일 전역에서는 프랑스대혁명의 영향으로 자유주의를 부르짖는 시민혁명이 이어졌다. 그 결과 하노버, 작센 등 독일 중남부 영방국가들이 헌법을 제정하며 입헌군주국으로 전환한다.[81] 프로이센에서는 자유주의와 헌법

....

* 합스부르크왕가는 나폴레옹전쟁 이전까지 명목상 신성로마제국 제위를 유지하면서, 실제로는 근거지인 오스트리아의 대공위, 그리고 제국의 실질적 구성국이었던 보헤미아왕국, 헝가리왕국, 크로아티아왕국 등의 왕위와 제후 작위를 겸하는 식으로 제국을 유지했다(합스부르크제국). 하지만 나폴레옹전쟁으로 인해 신성로마제국이 해체(1806년 완전 폐지)되는 가운데, 합스부르크왕가가 기존에 실효 지배하던 오스트리아, 보헤미아, 헝가리, 크로아티아 등의 영역을 통합함으로써 오스트리아제국이 막을 올렸다(1804년). 오스트리아제국은 1864년 헝가리에 자치권을 부여하면서 오스트리아·헝가리제국으로 재편된다. 마틴 래디, 박수철 옮김, 《합스부르크, 세계를 지배하다》, 까치, pp. 371-420, 2022.

제정을 부르짖는 1848년 혁명을 프리드리히 빌헬름 4세 Friedrich Wilhelm Ⅳ가 일정 부분 수용하면서 그해 12월에 흠정헌법, 즉 군주의 단독 의사에 의한 헌법이 제정되고 의회가 수립되었다.[82] 영국과 프랑스에 비해서는 자유주의나 입헌주의의 성숙이 덜했을지 모르나, 독일 역시 1830~1840년대에 일어난 시민혁명이 일정 부분 성과를 거두면서 시민계급이 성장하고 자유시장경제가 자리 잡을 수 있는 땅으로 거듭났다. 독일 전역에 자유주의가 확산되면서 민족주의가 고조되고 독일통일을 향한 열망 또한 점차 무르익어 갔다.*

오스트리아보다 정치적·경제적·군사적 우위를 점하던[83] 프로이센은 1866년 일어난 프로이센·오스트리아전쟁에서 승리하면서 통일의 주도권을 완전히 가져온다. 전쟁에서 패배한 오스트리아가 그 과정에서 배제될 것은 자명했다. 하지만 프로이센의 재상 오토 폰 비스마르크 Otto von Bismarck 는 전쟁배상금 면제 같은 파격적인 조건을 제시하고 게르만 민족주의라는 민족성·동질성을 명분으

········

* 자유주의는 본래 절대왕정과 신분제에 반하는 사상인데, 프랑스대혁명 이후 부르봉 왕조를 타도하고 수립된 공화정을 무너뜨리기 위해 유럽 각국이 대프랑스 동맹을 결성하고 프랑스를 침공하자 왕실 대신 민족이 단합해 외세의 침략을 격파하고 공화정을 지켜야 한다는 프랑스 내 여론이 비등하면서 민족주의가 고양되었다. 이어진 나폴레옹전쟁에서는 나폴레옹이 프랑스대혁명의 정신, 즉 자유주의를 내세워 유럽 각지를 원정했고, 그 과정에서 민족의 단결을 토대로 나폴레옹의 침략과 지배를 이겨내야 한다는 목소리가 커지면서 민족주의가 유럽 전역으로 확산되었다. 즉, 자유주의와 민족주의는 궤를 함께하면서 발전했다. 이동민, 앞의 책, pp. 359-371, 2023b.

로 내세우며 오스트리아를 동맹국으로 포섭했다.

이어서 프로이센이 프로이센·프랑스전쟁(1870~1871)에서 통일의 가장 강력한 방해물이었던 프랑스를 굴복시키면서 1871년 1월 통일이 이루어졌다. 프로이센 국왕 빌헬름 1세 Wilhelm I는 통일독일의 황제로 즉위했고, 비스마르크는 수상에 올라 신생 독일제국의 국정을 관장하게 된다. 전 유럽을 뒤흔든 마자르족의 침입을 잠재우며 신성로마제국으로 거듭난 유럽의 중심부 독일은 그로부터 900여 년이나 지난 1871년에야 진정한 하나의 나라를 이룩했다.

'레벤스라움' 쟁탈전,
전 세계를 전쟁에 몰아넣다

독일의 통일 과정이 러시아 못지않게 권위주의적이고 군국주의적인 국가로서 위로부터의 자본주의 개혁을 강행한 것처럼 보일지도 모르겠다. 시민혁명이 결실을 보고 자유주의가 확산한 19세기 후반에 등장한 제국이라는 점도 그렇고, 프랑스와의 전쟁을 부르 짖었던 '철혈재상' 비스마르크만 봐도 그렇다. 실제로 프로이센은 군사문화가 사회 전반에 강하게 드리운 나라였고, 프랑스·영국·네덜란드 등에 비해 권위주의적이었다.

그렇다고 해서 독일이 자유가 없고 시민계급의 발달이 미약한 나라는 아니었다. 그럼에도 제국 체제로 통일할 수밖에 없었던 것은

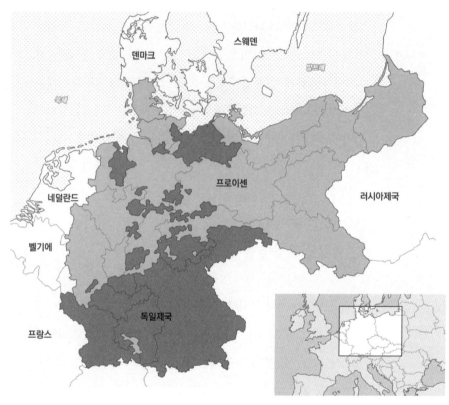

그림 24 1871년 프로이센의 주도로 통일을 이룩한 독일제국의 영토

프로이센을 중심으로 형성된 독일통일 국가로, 1918년 11월 혁명으로 붕괴되었다. 프로이센의 통일 과정은 러시아를 비롯한 동유럽 국가나 일본처럼, 자본주의 발전이 더딘 나라들의 모델이 되었다.

오랫동안 분열된 나라였다는 지리적 특성이 강하게 자리 잡고 있다. 당시 독일에는 프로이센 외에도 바이에른, 작센, 뷔르템베르크라는 세 개의 자치권을 가진 왕국이 있었으므로 이들의 자치권을 보장해 주어야 했다. 게다가 엄연히 군주국이었던 프로이센이 하루아침에 공화국으로 바꿀 수도 없었으니 선택의 여지가 없었다.

19세기 중반부터 독일 내부에서는 자본주의경제의 견실한 성장의 전제 조건이라 할 수 있는 시민계급이 대두하고 자유가 확산되고 있었다. 게다가 시민혁명이 일정 부분 성과를 거둔 덕분에, 통일을 이루기 이전인 1830~1840년대에 프로이센을 비롯한 독일 내 주요 국가들이 이미 자유주의적 체제로 전환한 상태였다. 영국이나 프랑스에 비하면 시민혁명의 진전이나 자유주의의 확산 등이 보수적으로 이루어졌을지 모르나, 독일에서도 엄연히 자유주의가 자라나며 시민계급이 성장하고 있었다. 그러면서 자본주의경제 대국 독일의 밑바탕이 다져져 갔다.

독일에서는 1830년대 중반부터 철도, 철강, 기계 분야를 중심으로 산업화가 막을 올리기 시작했으며, 1850년대부터는 산업혁명이 본격적으로 이루어지면서 농업 중심의 경제가 제조업 중심으로 전환된다.[84] 프로이센이 나폴레옹전쟁으로 획득한 라인란트, 그리고 프로이센·프랑스전쟁으로 프랑스로부터 빼앗은 유럽 유수의 산업지대 알자스로렌도 독일 산업자본주의 발전에 도움을 주었다. 게다가 1833년부터 프로이센을 중심으로 관세동맹이 결성되었는데, 1866년에는 그 영역이 독일 대부분으로 확장되었다.

한마디로 독일은 정치적 통일을 이룩하기 전에 이미 경제적으로 상당 부분 통합된 터였다. 그러니 독일제국은 산업자본주의 강국으로 도약할 준비가 어느 정도 갖추어진 상태였다.

실제로 통일을 완수한 뒤 독일의 산업과 자본주의경제가 빠른 속도로 발전했다. 산업 생산력만 향상된 것이 아니었다. 중앙은행인 라이히스방크Reichsbank를 설립하고 금본위제를 법제화했다. 민간자본을 형성하고 외국자본을 효율적으로 유치하고 금융업을 발전시키기 위한 장치도 마련했다. 그 결과 19세기 후반에는 금융업과 보험업이 눈에 띄게 발전했다. 비스마르크는 사회주의와 노동운동 확산에 따른 사회불안을 잠재우고 경제의 안정적인 발전을 기하려는 목적으로, 세계에서 선구적인 사회보장제도를 시행하기까지 했다. 프로이센 시절부터 집중적으로 육성한 교육과 학문의 진흥 역시 독일제국에 이어졌고, 이는 과학기술의 발전을 견인하며 독일 산업자본주의 발달에 더한층 박차를 가했다. 그 덕분에 20세기 초반 독일 경제와 무역의 규모는 영국, 미국과 어깨를 나란히 하는 세계 최대 수준으로까지 발전했다.[85] 19세기 말에서 20세기 초반 눈부신 자본주의경제의 성장을 기록한 독일은 자본주의 세계의 새로운 총아, 새롭게 떠오른 태양이라고 부를 만했다.

독일의 대두는 유럽, 나아가 세계 지정학적 질서에 중대한 파문을 불러왔다. 사실 독일이 통일을 이룩한 뒤 한동안 유럽의 지정학적 질서는 되려 안정되었다. 철혈재상이라는 호전적 별명과 달리, 비스마르크는 교묘한 권모술수 외교로 전쟁의 불씨를 줄여

유럽에 평화를 가져왔다. 1882년에 일종의 '보험'으로 오스트리아·헝가리제국, 영국, 프랑스와 대립하던 이탈리아와 삼국동맹을 맺었지만, 이를 빌미로 팽창주의를 노골화하거나 다른 유럽 국가를 자극하지도 않았다. 게다가 영국을 자극하지 않기 위해 해군도 최소한의 규모로만 유지했고, 해외 식민지 확보도 자제했다.

하지만 1888년 빌헬름 2세 Wilhelm II가 즉위하면서 유럽은 전운에 휩싸이게 된다. 그는 비스마르크를 해임하고 영국의 반발에도 대대적인 해군력 건설에 나서 그 수준을 세계 2위로 끌어올리는가 하면 해외 식민지 쟁탈전에도 적극적으로 뛰어들었다. 이는 빌헬름 2세 개인의 성격이나 성향으로 치부할 일이 아니었다.

19세기 후반은 유럽 열강이 제국주의 경쟁을 이어가던 시대였다. 지리학을 비롯한 학계 전반에서도 식민지 확보를 정당화하는 연구, 식민지 쟁탈전에서 이길 방안을 모색하는 것이 보편적이었다. 한 예로 근대지리학의 문을 연 독일 지정학자 프리드리히 라첼 Friedrich Ratzel은 국가나 민족의 번영은 인구 부양과 산업 발전에 필요한 지리적 영역인 레벤스라움 Lebensraum 의 확보 여부와 직결된다는 '지정학 이론'을 제창했다. 레벤스라움은 19세기 말부터 1930~1940년대까지 지정학의 핵심 연구 주제였을 뿐 아니라, 제국주의 열강의 식민지 쟁탈전의 논리로 쓰였다.*

빌헬름 2세의 제국주의적·팽창주의적 행보는 영국·프랑스와의 외교적 마찰을 자연스럽게 불러왔고, 두 나라는 독일을 견제하기 위해 1907년 러시아를 포섭해 삼국협상을 수립했다.[86] 독일인의 숙원이었던 통일을 실현했을 뿐만 아니라, 배경이야 어찌 되었든 수십 년간 유럽에 평화를 가져온 비스마르크의 천재적인 정치적·외교적 수완도 제국주의와 식민지 쟁탈전의 광풍을 완전히 막아내지는 못했다. 게다가 자본주의와 제국주의의 후발주자였던 일본도 대만과 한반도의 식민 지배를 획책했다. 이탈리아가 독일, 오스트리아·헝가리와 삼국동맹을 체결한 까닭도 아프리카에 식민지를 확보하려 시도하는 과정에서 영국, 프랑스와 외교적 마찰을 빚은 데 있었다.

언제 전쟁이 터질지 모르는 상황에서 1914년 6월 28일, 오스트리아·헝가리제국의 황위 계승자 프란츠 페르디난트 대공Erzherzog Franz Ferdinand von Österreich이 슬라브계 국가인 세르비아의 급진파 장교단의 지원을 받은 세르비아계 분리주의자에 암살당하는 사라예보 사건이 발발했다. 이를 빌미로 오스트리아·헝가리가 세르비아에 선전포고하자, 슬라브 민족을 보호한다는 구실로 러시아가 전쟁에 개입했다. 삼국동맹에 따라 독일이 전쟁에 뛰어들었고, 가뜩이나 독일의 팽창을 경계하던 영국과 프랑스가 독일과 오스트리아·헝가리에 선전포고했다. 이렇게 전 세계를 전쟁의 불길로 몰아넣은 제1차 세계대전의 서막이 올랐다.

⋯⋯⋯

* 레벤스라움은 독일어로 삶·생활·생존이라는 뜻을 가진 단어 leben과 방·공간이라는 뜻을 가진 raum을 합해 만든 조어다. Abrahamsson, C., "On the genealogy of Lebensraum," in *Geographica Helvetia*, 68, pp. 37–41, 2013.

반공주의와 자본주의가 뒤엉킨
괴물의 질주

당시 독일은 세계 최강국이자 최대의 군사 대국이었지만, 영국·프랑스·러시아를 상대로 전쟁을 이어가는 일은 버거웠다. 그래서 전 병력을 프랑스 방면으로 집중해 프랑스의 항복을 받아낸 다음, 병력을 동부전선으로 돌려 러시아를 격파한다는 슐리펜계획Schlieffen-Plan*을 군사교리로 삼았다. 하지만 슐리펜계획은 실현되지 못했다. 러시아가 전쟁 내내 지리멸렬한 모습을 이어갔다고 하지만, 영국의 지원을 받은 프랑스, 그리고 러시아라는 두 강대국을 동시에 상대하며 프랑스를 조기에 무력화한다는 계획이 예상만큼 쉽지 않았기 때문이다.

또한 영국과 프랑스에 비해 해외 식민지가 적은 것도 문제였다. 많은 식민지를 거느리려면 그만큼 유지비도 많이 든다. 그래서 본국의 국력이 충분히 강하다면 평시에는 적은 식민지가 식민지 본국 경제에 별다른 악영향을 끼치지 않는다. 하지만 전시라면 이야기는 달라진다. 식민지로부터의 식량과 군수물자 조달이 전쟁의 승패를 좌우할 만큼 중요하다. 그러니 식민지 수가 적었던 독일은 영국이나 프랑스보다 물자 보급 문제와 식량난에 허덕일 수밖에 없었다.[87]

....

*   독일군 참모총장을 지낸 알프레트 폰 슐리펜 백작Alfred Graf von Schlieffen이 입안한 작전 계획이었기 때문에 이런 이름이 붙었다. Murray, W. A., Ibid., pp. 282-284, 2022.

빌헬름 2세가 건설한 막강한 해군은 결국 영국으로부터 제해권을 빼앗지 못했다.

1917년 중립을 지키던 미국이 삼국협상, 즉 연합국 측에 가세하면서 독일의 패배는 기정사실화되었다. 결국 독일은 1918년 11월 11일 연합국 측에 항복했고, 빌헬름 2세가 퇴위하면서 독일제국은 역사 속으로 사라졌다.

제1차 세계대전의 종결을 위해 승전국들이 파리에서 강화회의를 개최했다. 이에 따라 독일은 해외 식민지는 물론, 알자스로렌과 라인란트마저 승전국에 내주어야 했다. 게다가 승전국에 1980년대까지 거액의 배상금을 지급하고, 세계 최고 수준의 군대를 치안 유지에 필요한 최소한의 규모로 감축해야 한다는 내용의 베르사유조약에 서명했다.

제국 체제가 무너진 뒤에 세워진 바이마르공화국은 전후 경제와 사회 혼란을 제대로 수습하지 못했다. 경제가 후진국 수준으로까지 퇴보한 것은 아니었지만, 패전을 받아들이지 못한 독일인들은 극우 사상과 극좌 사상에 빠져들며 가뜩이나 불안한 사회를 더욱 불안정하게 만들었다. 통일을 이룩한 뒤 거칠 것 없는 속도로 세계 최고 경제적·군사적 대국으로 발돋움한 독일이 어처구니없이 무너져 패전국으로 전락해 전쟁배상금을 갚아야 할 상황에서 비롯된 부작용이었다.

여기에 1930년대에 전 세계를 강타한 대공황은 패전의 후유증이 가시지도 않은 독일 경제를 나락에 빠뜨렸다. 독일에서는 빵이나 채소 같은 생필품을 구매하려면 큰 가방이나 손수레에 가득 담은 지폐 더미를 지급해야 할 만큼 천문학적인 인플레이션이 발생했다. 휴지만도 못할 정도로 화폐가치가 추락하니 경제성장이 저하되기에 앞서 독일 국민의 생활이 마비될 지경이었다.

수백 년이 넘도록 분열을 이어온 끝에 통일을 이룩한 독일이었으니, 부국강병에 대한 열망은 그 어떤 나라보다 클 수밖에 없었고 실제로도 세계 최강국으로 발돋움하는 데 성공하기까지 했다. 하지만 어찌 보면 그 부작용으로 일어난 제1차 세계대전은 독일인의 자존심도 생활수준도 땅바닥으로 곤두박질치게 만들어 놓았다. 제1차 세계대전에서 패전한 직후부터 극단주의에 사로잡혀 정치적·사회적 혼란에 빠졌던 독일은 극심한 경제난까지 더해지면서 더한층 견딜 수 없는 지경에 몰렸다.

과거 독일인들이 바르바로사 황제가 부활해 통일해 주기를 바랐듯이, 1930년대에는 무너진 자존심과 엉망진창이 된 경제, 외부 압박에 의한 군비 축소 같은 절망적인 현실을 극복하고 세계 최강의 독일, 위대한 독일을 되살릴 초인의 등장을 바라는 정서가 퍼져나갔다. 때마침 20세기 초반 유럽에서는 극단적 반공주의와 자민족 중심주의, 팽창주의, 전체주의, 위대한 영도자에 의한 독재 정치, 대중의 열광적인 지지를 특징으로 하는 파시즘이라는 새로운 정치사상이 태동하고 있었다.[88]

1919년에는 베니토 무솔리니Benito Mussolini가 이탈리아를 세계 최초의 파시즘 국가로 만들어 버렸다. 이탈리아 역시 독일처럼

그림 25 **제1차 세계대전 직후 하이퍼인플레이션으로 고전하는 독일**

제1차 세계대전 직후 막대한 전쟁배상금을 물어야 했던 독일 정부가 화폐 발행을 남발
하고 대공황의 여파까지 겹치면서 하이퍼인플레이션이 발생했다. 물물교환이 일상화
되었으며 마르크화를 벽지로 쓸 만큼 화폐가치가 떨어지면서 독일 경제가 곤두박질쳤다.

수백 년 이상 분열을 이어오다 19세기 후반에 통일을 이룩하고 자
본주의와 제국주의의 후발주자로 대두한 터였다. 이탈리아는 독
일과 달리 제1차 세계대전의 승전국이었지만, 전후 처리 과정에서
영국·프랑스 등으로부터 배제되었다. 유럽 제국주의 열강, 자본주
의 선진국 간에도 존재했던 지리적 차별성은 상대적으로 후발 주
자였고 오랫동안 분열을 이어온 탓에 통일과 부국강병에 대한 열
망도 강했을 뿐만 아니라 제1차 세계대전으로 인해 큰 손해까지

본 나라에 극단적 사상이 발흥할 밑거름을 뿌린 격이었다.

극심한 사회 혼란과 경제난에 빠진 독일 국민은 극단주의 사상인 파시즘에 열광했고, 독일에서 파시즘은 인종주의와 결합하며 더한층 악질적인 국가사회주의Nationalsozialismus, 즉 나치즘으로 변질했다.

이 같은 파시즘은 유럽을 넘어 아시아로 퍼져나갔다. 오랫동안 봉건제 사회를 이어오다 1868년 메이지유신明治維新으로 근대 국가를 발돋움한 뒤 아시아에서 유일한 자본주의 강국, 제국주의 열강으로 대두한 일본에는 군국주의라는 이름으로 정치·경제·사회를 파고들었다. 어찌 보면 자본주의 선진국, 제국주의 열강 사이에도 존재했던 선도국 스케일과 후발국 스케일의 차별이 자본주의·제국주의 후발 국가들이 파시즘 영역으로 변질해 자본주의 세계에 치명적 위협을 가했다고 볼 수 있을 법하다.

이탈리아·독일·일본을 휩쓴
파시즘의 공통점은?

국가사회주의독일노동당, 즉 나치스의 지도자 아돌프 히틀러Adolf Hitler는 1933년 선거라는 '합법적'인 절차에 따라 정권을 장악했다. 국민들은 위대한 독일 민족의 '순수성'을 해치는 '열등 민족'인 유대인, 슬라브 민족을 절멸하고 그들의 땅을 빼앗아 독일 민족의

레벤스라움으로 삼아야 한다는 히틀러와 나치스의 극단적이고 비
이성적인 선동에 열광했다.*

나치즘 경제는 자본과 산업을 정부의 통제 아래 두는 데다 군
수산업에 과도하게 의존하는 등 건전하고 정상적인 자본주의경제
와 거리가 멀었다. 또 나치스 정부가 유대인을 박해하면서 경제성
장을 담당하던 유대계 고급 인력이 해외로 대거 유출되는 문제가
발생했다. 하지만 단기간에 놀라운 성장을 이룬 경제는 1930년대
말에는 소련과 더불어 세계 2·3위 수준으로까지 도약했다. 제1차
세계대전 당시 자국 영토에는 피해가 거의 없었으므로 산업과 경
제 인프라, 소프트웨어의 근간을 보존할 수 있었기 때문이다.

히틀러는 외교적 술책과 군사적 대응으로 라인란트를 되찾고
연합군의 군비 축소 정책에 반기를 들며 대대적인 군비증강에 나
섰다. 그 결과 군대와 군수산업의 규모가 급격히 커졌다. 비록 건
전하고 지속가능한 경제체제와는 거리가 멀었지만, 단기간에 실

....

* 　레벤스라움은 태생적으로 제국주의적·팽창주의적인 성격이 다분했지만, 라첼 등의
지정학자들이 연구한 레벤스라움은 다양한 민족, 집단의 공존ㅡ그것이 설령 식민 지배와 같
은 왜곡되고 부조리한 형태라 할지라도ㅡ과 상이한 문화의 융합도 인정했다. 하지만 히틀
러는 독일이 생존·발전하려면 유럽 러시아를 포함한 동유럽을 독일의 레벤스라움으로 삼
은 뒤 그곳에서 독일 민족의 '순수성'을 해치는 유대계·슬라브계 '열등' 민족을 절멸해야 한
다는 식으로 레벤스라움을 왜곡했다. 그리고 이처럼 왜곡된 레벤스라움은 나치스의 핵심적
인 정강이 되었고, 제2차 세계대전의 발발뿐만 아니라 전쟁 도중 소련과 동유럽에서, 많게는
1~2천만 명이 넘는 민간인과 전쟁포로가 학살당하는 참극을 빚는 원인으로까지 작용했다.
O'Shaughnessy., "Selling Hitler: Propaganda and the Nazi brand," in *Journal of Public
Affairs*, 9(1), pp. 66-70, 2009.

업률을 대폭 낮추었을 뿐만 아니라 기적에 가까울 정도로 국민의 소득수준과 경제 규모를 드높였다.

1930년대 후반 나치독일은 게르만 민족주의를 국시로 내세우며 오스트리아를 병합했다. 이어서 그곳에 많이 살고 있던 독일계 주민들을 선동해 당시 세계 10위 수준의 경제 대국이자 100만 대군을 보유한 군사 강국이었던 체코슬로바키아를 무혈 병합했다. 나치즘에 의해 왜곡된 레벤스라움, 전쟁 없이는 지속하기 어려운 나치즘 경제, 그리고 왜곡되고 극단적인 민족주의가 맞물리며 빚어낸 악순환이었다.

1939년, 히틀러는 여세를 몰아 폴란드를 침공해 병합했다. 이로써 1919년 제1차 세계대전이 종전한 지 20년 만에 유럽은 처참한 전쟁을 또다시 경험하게 되었다. 한마디로 산업자본주의 세계의 충돌이 빚어낸 제1차 세계대전의 여파는 독일을 나치즘 국가로 변질시켰다. 그렇게 탄생한 나치독일은 제2차 세계대전이라는 또 다른 대전쟁을 일으키며 자본주의 세계가 지배했던 영역 대부분을 파시즘이 지배하는 땅으로 만들었다.

나치독일은 전쟁 초반 연승을 이어갔고, 1940년에 6월에는 프랑스마저 무너뜨렸다. 영국을 제외한 전 유럽이 사실상 나치독일, 파시즘의 지배에 들어갔다. 1942년 상반기에는 유럽 자본주의 열강의 아시아·태평양 식민지들이 독일과 손을 잡은 일본에 넘어갔다.

나치독일이 승승장구하자, 이미 중국에서 침략전쟁(중일전쟁)

을 벌이고 있던 일본도 1941년 12월, 하와이 진주만에 있는 미 해군기지를 공습하면서 태평양전쟁을 일으켰다. 제국주의의 후발주자로 통일 국민국가를 이룩한 역사도 짧으며 제1차 세계대전에서 패망했거나(독일), 승전국이었지만 전후 처리 과정에서 상대적으로 소외된 나라(이탈리아, 일본)에서 발흥한 파시즘은 영토와 식민지 확장이라는 왜곡된 지리적 욕구와 매우 강하게 결부될 수밖에 없었다. 나치즘이 왜곡된 레벤스라움에 사상적 뿌리를 두었듯이 말이다. 이로써 제2차 세계대전은 세계 대부분을 무대로 하는 '진정한' 의미의 세계대전으로 비화했다.

　나치독일과 일본, 이탈리아의 경제 규모를 합한 것보다도 더 큰 경제 규모를 자랑했던, 그리고 태평양과 대서양 두 전역에 동시에 대규모 병력과 장비를 투입할 수 있었던 미국의 참전은 전세의 흐름을 바꾸어놓았다. 결국 제2차 세계대전은 1943년 9월에 이탈리아, 1945년 5월에 독일, 1945년 8월에 일본이 항복하면서 연합군의 승리로 끝이 났다. 제1차 세계대전과 달리 제2차 세계대전은 독일 국토에 막심한 피해를 입혔고, 영토 축소는 물론 동·서독의 분단까지 가져왔다.

　전후 자본주의 세계에 편입된 서독은 국토의 분단을 가져온 냉전 지정학의 역설적인 혜택을 함께 누렸다. 미국은 서유럽 동쪽 선봉에 해당하는 서독에 공산주의 세력이 침투·확장되지 못하게 하려고 무리한 전쟁배상금을 강요하는 대신 대대적인 경제적 지원을 했다. 게다가 1950년에 한국전쟁이 발발해 자본주의 세계의 공산품 공급이 줄어들자, 서독은 자본주의 세계의 산업 전진기지라는 위치를 자연스럽게 회복했다.[89] 다시 말해 독일은 세계 최고 수준의 과학기술과 인력이 건재한 가운데 패전국으로서 경제제재를 받는 대신 냉전의 지정학적 선봉에 서서 빠른 속도로 전후 복구까지 할 수 있었다.

서독은 '라인강의 기적Wirtschaftswunder'이라 불리는 극적인 경제 재건에 성공하며 1970년대에는 자본주의 세계에서 손에 꼽히는 경제대국으로 부상했다. 바르샤바조약기구의 서쪽 선봉이었던 동독 역시 공산권의 경제 선진국으로 발돋움했다. 물론 서독에 비해 경제 규모와 구조의 효율성이 확연히 부족했지만 말이다. 1990년, 냉전체제가 종식되면서 독일은 다시 한번 통일에 성공했다. 그리고 오늘날에는 비록 완벽하다고 할 수는 없지만 EU의 경제를 주도하는 유럽 제일의 경제대국으로 우뚝 섰다.

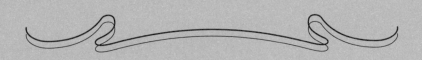

7장

미국,

대서양부터 태평양까지 아우른
새로운 자본주의 종주국

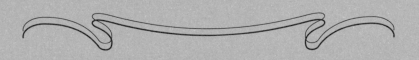

○
●
○

미국이 세계 최강국임을 부정할 사람은 없을 것이다. 19세기 후반에 이미 세계 최대의 경제대국으로 부상한 뒤 양차 세계대전으로 인해 쇠퇴한 유럽 열강을 대신해 자본주의 세계의 종주국 자리를 굳혔다. 그리고 냉전체제가 종식된 1990년대 이후 지금까지 세계 경제 질서를 주도하고 있다.

　미국은 어떻게 그러한 지위를 획득할 수 있었을까? 많은 사람이 미국의 청교도 정신, 그리고 일찍부터 발달한 민주주의와 경제적 자유를 그 원동력으로 여기는 듯하다. 태평양과 대서양에 동시에 진출할 수 있는 독보적인 지리의 힘이 미국을 초강대국, 자본주의 세계의 종주국으로 만들어 주었다는 의견도 있다.[90] 미국이 가진 광활하면서도 비옥하고, 자원이 매우 풍부한 국토에서 그 저력을 찾기도 한다. 어떤 시각이 무조건 맞거나 틀리기보다는 저마다 근거와 의의가 있을 터다.

　그렇다면 북아메리카 동부에만 머물렀던 미국이 어떻게 태평양과 대서양을 아우르는 세계 최강국으로 거듭날 수 있었던 걸까? 그 비결을 들여다보자.

미국인들은 왜
차 상자를 바다에 던졌을까?

패권주의 국가, 신新제국주의 국가라는 비판도 있지만, 미국은 세계 최초의 민주공화국이자 자유와 민주주의를 상징하는 나라다. 그리고 정치와 경제의 자유가 자본주의경제의 중요한 전제 조건인데서 알 수 있듯이, '자유의 나라' 미국은 그 태생부터 자본주의경제, 그리고 자본주의의 지리학과 밀접하게 관련되어 있다.

1773년 12월, 아메리카 원주민으로 변장한 미국인들이 보스턴 항구에 정박한 영국 동인도회사 무역선에 난입해 배에 실려 있던 차 상자를 바다에 내던지는 보스턴 차 사건이 일어났다. 영국 동인도회사가 주력 상품이었던 차를 과잉생산하는 바람에 파산 위기에 몰리자, 세계 각지에 식민지를 거느리던 영국 정부가 동인도회사를 구제할 목적으로 인도와 한참 떨어진 북아메리카 식민지에 차를 값싸게 공급했기 때문이다. 당시 무역선에 산적한 차 가격은 미국인들이 마시던 찻값의 절반 수준이었다.

해양 제국이자 식민제국인 영국의 지리적 힘 덕택에 값싸게 차를 마시면서 '애국'까지 할 기회였는데, 미국인들은 이를 반기기는커녕 되려 '식민지 본국이 베푼 혜택'을 동인도회사 선적 무역선에 실린 차 상자와 함께 몽땅 바다에 집어 던지고 말았다. 왜 그랬을까?

당시 북아메리카 식민지인들은 상당한 자치권을 누리고 있었

그림 26 **보스턴 차 사건**

영국 정부가 동인도회사의 재정난을 타개하기 위해 관세법을 마련하고 차의 밀무역을
금지하면서 일어났으며, 미국독립혁명의 도화선이 되었다.

다. 본토와 멀리 떨어져 있어서 영국 정부도 자치권을 줄 수밖에
없었다. 게다가 독립혁명 개전 시기에 이미 1인당 GDP가 세계 최
고 수준에 달할 정도로 생활 수준도 풍요로웠다.[91] 13개 영국령 식
민지가 있던 북아메리카 동부는 토질이 비옥한 데다 자원도 풍부해
농업은 물론 태평양에 연했다는 지리적 이점을 살려 상업과 무역까
지 발달했다.[92] 영국의 지배력을 제한하면서 경제적 풍요까지 가져
다주던 지리적 여건 덕분에 13개 영국령 식민지에는 계몽사상과
자유주의가 비교적 빠르게 퍼져갔다.

　그런 식민지인들은 영국 정부가 동인도회사의 차를 헐값에
공급한 행위를 혜택이 아니라 경제적 자유와 권리를 심각하게 침

해하는 일로 여겼다. 게다가 식민지인 중에는 차 판매와 무역에 종사하던 이들이 제법 있었는데, 영국 정부의 조치는 그들의 경제적 이익과 자유를 침해하는 행위였으며 실제로 손해를 본 이들도 적지 않았다.[93] 즉, 보스턴 차 사건은 영국 정부의 탄압이나 착취에 대한 저항뿐만 아니라, 식민지 본국의 부당하고 과도한 개입에 맞서 경제·상업활동의 자유와 자유시장경제를 지키려는 성격도 강했다. 이는 미국의 건국 자체가 자본주의적 성격을 다분히 갖고 있었음을 보여준다고 해석할 수 있다.

보스턴 차 사건이 촉발한 독립혁명에서 승리한 미국은 유럽과 아메리카에서 다중스케일로 일어난 자유주의의 지정학적 변화에 힘입어 기적에 가까울 정도의 대대적인 영토 확장과 국력·경제력 확대에 성공하게 된다. 그 첫 신호탄은 프랑스대혁명 정신에 고무받아 일어난 뒤 결국 1804년에 성공하는 아이티의 독립(1791~1804)이었다. 카리브해의 프랑스 식민지 아이티의 독립이 기정사실화되면서 광대한 프랑스령 루이지애나 식민지와 본국 간의 지리적 연결고리는 끊기다시피 했다. 그러자 나폴레옹은 사실상 고립된 루이지애나를 캐나다 방면을 통해 침공할 영국에 내줄 바에는 미국에 매각한다는 결정을 내렸다. 미국이 이를 수락하면서 루이지애나 매입(1803)[94]이 이루어졌다.

이는 미국 영토를 순식간에 곱절로 키워주었다. 그 땅은 질적으로도 매우 훌륭했다. 루이지애나는 세계 최대·최고의 농업지대인 대평원을 품고 있다. 대평원은 이름대로 광대하기도 하지만, 미국 동부와 마찬가지로 지력 소모가 거의 없어 유라시아의 그 어떤 곡창지대와도 격을 달리할 정도로 비옥했다. 영토는 컸지만, 인구 밀도가 낮았던 미국에서 수많은 미국인은 대평원으로 이주해 농사를 지으며 경제적 안정을 누릴 수 있었다. 그 덕분에 미국에서는 유럽에서 심각하게 불거진 빈부격차, 도시 빈민 문제가 비교적 완화될 수 있었다.

그 결과 수많은 유럽인, 특히 하층민이 대서양을 건너 미국으로 대거 이주하기 시작했다. 유럽에서 가난과 신분 차별, 그리고 전란에 시달릴 바에는 미국에 가서 새 삶을 찾는 편이 훨씬 나았기 때문이다. 애초부터 윤택했던 미국이 루이지애나 매입 덕택에 이전보다도 훨씬 커지고 풍요로워지면서, 미국은 자국민은 물론 이주자들의 '아메리칸드림'을 실현해줄 꿈의 대륙으로 변모했다. 19세기 초반 유럽인의 미국 이주가 얼마나 활발했는지, 유럽 국가들은 인력 손실, 특히 병력자원 손실을 우려해 미국으로의 이주를 제한하는 법령을 제정할 정도였다.[95]

루이지애나 매입 덕택에 경제적 안정을 누리게 되자 출산율이 증가했다. 유럽으로부터의 이주까지 활발해지면서 인구가 큰 폭으로 늘어난 미국은 대규모 시장의 형성과 노동력의 확보라는 자본주의경제의 성장에 필수적인 자양분을 얻게 된다.[96]

곱절이 된 영토를
하나로 연결해 준 대하천

미시시피강, 미주리강, 오하이오강 등 대평원을 흐르는 유량이 풍부한 대하천은 농업용수 공급원은 물론 미국 각지를 잇는 교통로로 기능했다.[97] 철도와 도로교통이 본격화하기 전에 이미 이들 하천은 새롭게 편입된 루이지애나를 기존 영토와 효과적으로 연결해 주었다. 또한 물자의 효율적인 운송이 가능해지면서 오대호 연안의 철강업과 석탄산업이 크게 발전했으며, 훗날 미국이 병합할 서쪽 땅과의 지리적 연결고리까지 만들어 주었다.[98] 아울러 루이지애나 식민지의 중심지였던 항구도시 뉴올리언스는 무역 발달에 큰 도움을 주며 미국이 자본주의 강국으로 대두할 잠재력을 더한층 증대시켰다.

자유주의가 불러온 다중스케일적인 지정학적 변화는 미국의 영토와 국력을 일사천리로 키워주었다. 프랑스대혁명과 나폴레옹전쟁의 여파로 에스파냐가 국력에 치명타를 입자, 에스파냐의 지배를 받던 멕시코가 19세기 초반에 독립을 선포했다. 그 틈을 타 미국은 1819년 에스파냐로부터 플로리다를 매입하는 데 성공했다. 그리고 1845년 미국·멕시코 접경지대로 이주한 미국인들의 권리 보장을 구실로 신생 멕시코 영토였던 텍사스를 병합했다. 멕시코가 미국의 조처에 반발하면서 미국·멕시코전쟁(1846~1848)이 일어났지만, 멕시코의 국력과 군사력은 미국에 미치지 못했다.

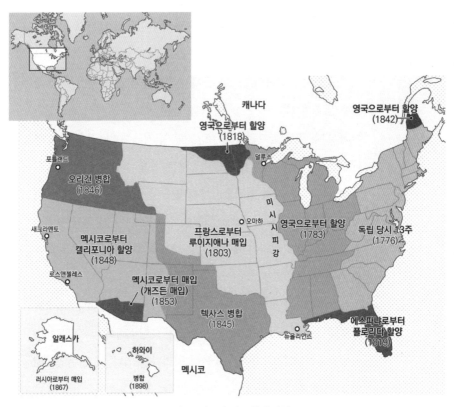

캐나다

영국으로부터 할양
(1818)

영국으로부터 할양
(1842)

오리건 병합
(1846)

포틀랜드

덜루스

미
시
시
피
강

영국으로부터 할양
(1783)

독립 당시 13주
(1776)

새크라멘토

멕시코로부터
캘리포니아 할양
(1848)

프랑스로부터
루이지애나 매입
(1803)

오마하

로스앤젤레스

멕시코로부터 매입
(개즈든 매입)
(1853)

텍사스 병합
(1845)

뉴올리언스

에스파냐로부터
플로리다 할양
(1819)

알래스카

러시아로부터 매입
(1867)

하와이

병합
(1898)

멕시코

그림 27 미국의 영토 확장 과정

미국 독립을 인정한 1783년 평화조약에 따르면, 미국의 서쪽 국경은 미시시피강
까지였다. 이후 지정학적 질서에 힘입어 프랑스나 주변국으로부터 영토를 사들임으
로써 지금의 국경을 확정 지었다.

전쟁에서 승리한 미국은 캘리포니아주, 네바다주, 유타주 전체, 애리조나주 대부분, 그리고 뉴멕시코주, 콜로라도주, 와이오밍주 일부에 해당하는 거대한 멕시코 영토를 미국령으로 병합한 데 이어, 1853년에는 멕시코를 위협해 애리조나주 일부와 뉴멕시코주 남부를 이루는 영토를 매입했다(개즈든 매입 Gadsden Purchase). 그 규모는 독립 직후 멕시코 영토의 절반이 넘었다.

멕시코로부터 빼앗은 영토에는 네바다사막과 같은 황무지도 포함되었지만, 자원 매장과 교통의 편의성을 고려하면 이점은 막대했다. 우선 텍사스와 뉴멕시코는 세계 최고 수준의 고품질 원유가 대량으로 매장된 지역이고, 이곳에 대규모 석유산업이 발달하면서 미국 자본주의는 한층 비약적으로 발전할 수 있었다. 게다가 태평양에 연한 캘리포니아까지 손에 넣은 미국은 태평양과 대서양에 동시에 진출할 수 있다는 인류 역사상 전무후무하다시피 한 지정학적·경제지리적 이점을 획득한다. 1846년, 미국은 영국과의 협상을 통해 북서부 오리건 영토(오리건주, 워싱턴주, 아이다호주 전역 및 몬태나주 일부)를 확보하고 1867년 러시아로부터 알래스카를 매입한 데 이어, 1898년에는 독립국이었던 하와이왕국마저 병합하며 오늘날의 영토를 완성했다.

태평양과 대서양이라는 두 대양으로 동시에 진출할 수 있다는 미국의 지정학적 위치는 러시아나 중국, 인도의 통일왕조, 그리고 영국(대영제국)과 같은 다른 대제국조차도 갖지 못한 미국만의 독보적인 이점이었다. 게다가 대부분 온대기후에 속하므로 겨울이

그림 28 다양한 인종에 기반한 다문화사회, 미국

미국은 세계 곳곳에서 넘어온 이민자들이 모여 구성된 다인종·다민족·다문화 사회
다. 이러한 다원적 미국 사회를 가리켜 '인종의 용광로melting pot'라고 부르거나, 각
민족의 문화적 이질성을 강조해 '샐러드볼salad bowl'에 비유하기도 한다.

되어도 해면이 얼지 않는다. 그로 인해 부동항을 찾아 전쟁을 벌여
야 했던 러시아와 같은 문제로부터도 자유로웠다. 그 결과 미국은
해상무역 그리고 식민지 확보라는 산업자본주의와 제국주의시대
자본주의 경제발전에 타의 추종을 불허하는 자리에 오른다.

미국의 영향력이 태평양 연안까지 닿으면서 19세기 후반부터
중국을 필두로 한 아시아 국가들이 미국으로 대대적인 이주를 했
다. 이들은 이민으로 만들어진 나라, 세계에서 선구적인 다문화사

회라는 미국의 사회적 정체성을 분명하게 해주었다. 많은 인구가 유입되면서 노동시장과 자본시장이 더욱 확대되었고 성장할 만큼 성장한 미국 자본주의의 힘은 더한층 커져나갔다.

하지만 영토를 넓혔다고 해서 자본주의가 급성장·급팽창했던 것은 아니었다. 로키산맥, 남서부의 사막 등은 미국 경제의 통합을 가로막는 거대한 천연 장애물이었고, 새로 얻은 서부 영토를 개척하는 일 역시 당연히 적지 않은 시간과 노력을 요구했다.

동서는 대륙횡단철도로, 남북은 파나마운하로 잇다

때마침 19세기 중후반은 산업혁명이 서구 각국으로 퍼져가며 절정기에 도달하던 시기였다. 19세기 철도와 기차의 위상은 오늘날의 인공지능이나 스텔스 전투기에도 뒤지지 않는 기술혁신과 국력의 상징이었으므로 열강들은 앞다투어 철도부설에 열을 올렸다. 그 당시 영토를 대대적으로 확장하던 미국에 철도는 마치 하늘이 시의적절하게 내려준 선물과도 같았다.

초창기 기차의 속력은 시속 30킬로미터 정도였다. 하지만 증기기관 덕분에 기차는 소나 말 같은 가축과는 차원이 다른 힘을 냈고 연료 공급과 수리·정비만 제대로 이루어진다면 긴 시간 동안 쉬지 않고 달릴 수 있었다. 또한 기차는 운행 시간이 정해져 있어 정확하게 역에 도착하고 출발한다는 장점도 지녔다. 게다가 폭이 넓고 수심이 깊은 하천으로만 항해할 수 있는 선박과 달리, 기차는 철로를 부설하기만 하면 운행할 수 있었다. 물론 철도부설에도 큰 비용과 노동력이 들지만, 운하 굴착과는 비교할 바가 안 되었고, 철도가 주는 막대한 이점을 고려하면 그 정도의 투자는 충분히 감수할 만했다.

이 같은 철도는 국토가 거대한 데다 중서부의 인구밀도는 여전히 낮은 미국을 이른 시일 내에 효율적으로 연결하고 통합해 주었다. 영국에서 최초의 상용 철도가 개통된 지 5년 뒤인 1830년 미국 북동부에 20킬로미터 길이의 철도가 부설된 것을 시작으로, 미국 철도망은 빠른 속도로 확대되었다. 미국 철도 노선은 1840년대 8천 킬로미터 정도, 1850년대에는 3만 2천 킬로미터로 총연장되었으니 십수 년 만에 400배, 30년도 안 되는 기간에 무려 1,600배나 증가했다. 남북전쟁 발발 직전인 1860년 무렵 미국 철도의 총연장은 당대 자본주의 선진국으로서 철도부설에 열을 올렸던 영국, 프랑스, 독일 철도의 총연장을 합한 길이보다도 더 길었다.[99]

1869년 5월 10일에 완공된 미국 대륙횡단철도의 첫 노선(중태평양 철도Central Pacific Railroad, 캘리포니아주 새크라멘토~네브래스카주 오마하)은 중부와 서부 해안을 온전히 이었다. 광대한 미국 전역이 철도로 하나가 되니 자연히 경제는 이전보다 훨씬 긴밀하게 통합되었다. 게다가 서부 발전까지도 촉진하며 이들 지역을 단시간 내에 경제체제에 완전히 편입시켰다. 1850년대부터 본격적으로 시

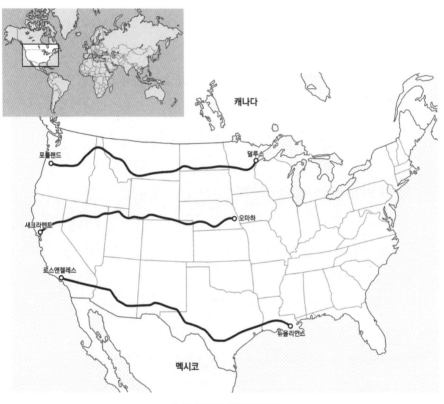

캐나다

포틀랜드

덜루스

새크라멘토

오마하

로스앤젤레스

뉴올리언스

멕시코

그림 29 미국의 대륙횡단철도

1869년에 완공된 중태평양 철도를 시발점으로 하는 미국 대륙횡단철도는 19세기
후반에서 20세기 초반에 지속해서 부설이 이루어지면서 서부와 태평양 연안, 그리고
중동부를 경제적으로 통합했다.

작된 서부 개척이 30~40년 뒤인 1880~1890년대에 접어들어 마무리될 수 있었던 데에는 대륙횡단철도가 가져다준 국토와 경제권의 효율적인 공간적 통합이 자리 잡고 있었다.[100]

로스앤젤레스, 샌프란시스코, 덴버 같은 서부 도시들이 개척자들이나 골드러시를 꿈꾸며 몰려든 사람들이 모여 만든 마을 수준을 넘어 미국 자본주의경제를 주도하는 대도시로 온전히 자리매김할 수 있던 힘 역시 철도교통의 혁신에서 비롯되었다. 철도 덕분에 빠른 속도로 영토가 확장된 것은 물론 물류가 원활하게 조달되면서 서부뿐 아니라 중부, 동부의 자본주의경제도 한층 더 탄력을 받는다. 아울러 철도의 확산은 석탄산업과 철강산업의 발전을 불러왔고, 1880년대는 철도 부문에서 45만 명의 노동자가 고용되는 등 고용 창출 효과까지 유발하며 미국 자본주의경제 발전에 더한층 크게 이바지했다.[101]

하지만 대륙횡단철도만으로는 태평양과 대서양으로 동시에 진출할 수 있는 미국의 지리적 이점을 완전히 살릴 수는 없었다. 아메리카대륙은 남아메리카와 북아메리카로 나뉘어져 있으므로 선박이 미국 동부와 서부를 오가려면 남아메리카 최남단을 돌아가는 먼 항로를 선택할 수밖에 없었다. 그 항로는 너무 길어 비효율적일 뿐 아니라 항로에 인접한 남아메리카 국가들의 눈치도 봐야 했다.

그러다 보니 미국은 효율적이고 현실적인 뱃길을 고민하지 않을 수 없었다. 자연지리적으로 보면 남북아메리카를 마치 하나의 대

륙처럼 이어주는 파나마지협은 최적의 입지였다. 파나마지협의 최
단 거리는 폭 6킬로미터로, 1869년 완공된 수에즈운하의 길이(완공
당시 164킬로미터, 현재 193.3킬로미터)보다도 훨씬 짧았다. 당시 미
국으로서는 충분히 시도해 볼 만한 일이었다.

　마침 오스만제국으로부터 사실상 독립하다시피 한 이집트의
요청으로 수에즈운하를 건설했던 프랑스가 가장 먼저 파나마지협
에 주목했다. 프랑스는 수에즈운하 완공 때 쓴 기술력으로 파나마
운하까지 완성한다면 미국, 그란콜롬비아 등으로부터 막대한 경
제적 이익을 얻는 동시에 국가 위상도 크게 높일 수 있으리라 판
단했다.

　하지만 파나마지협은 상대적으로 길이만 짧았을 뿐, 수에즈
지협보다 공사하기에 훨씬 까다로웠다. 게다가 수에즈지협은 고
대부터 소규모 운하를 건설해 교통로로 사용되고 있었던 반면, 파
나마지협은 지형이 험준한 데다 열대우림이 넓게 펼쳐져 있고, 치
명적인 풍토병까지 유행하는 곳이라 대규모 토목공사는커녕 사람
이 거주하기조차 힘든 수준이었다. 더욱이 프랑스 유니옹제네랄
Union Générale 은행이 동유럽에서 무리한 투자를 벌이다 파산하면
서 투자자 모집에도 어려움을 겪었다.[102] 결국 프랑스의 파나마운
하 건설 시도는 2만 명이 넘는 사망자만 남긴 채 1889년 참담한
실패로 끝이 났다.

　1898년, 미국은 미국·에스파냐전쟁을 통해 에스파냐로부터
카리브해와 필리핀을 빼앗고, 하와이까지 자국령으로 편입하면서

대서양과 태평양을 잇는 운하의 필요성이 절실해졌다. 이에 따라 미국 정부는 폭이 파나마지협보다 넓고 그보다 훨씬 북쪽에 있지만, 자연환경이 비교적 덜 극단적인 데다 산후안강San Juan River, 니카라과Nicaragua호를 운하의 뱃길로도 쓸 수 있는 니카라과지협에 운하를 건설하려는 계획을 세웠다.

그런데 하필 이 무렵, 파나마지협이 지나는 그란콜롬비아 영토 파나마에서 분리주의운동이 일어나기 시작했다. 게다가 미국 월스트리트 금융가의 실질적 지배자인 은행가 존 피어폰트 모건John Pierpont Morgan이 미국 정부에 니카라과지협이 아닌 파나마지협에 운하를 건설하라는 로비를 적극적으로 이어갔다. 모건은 파나마운하주식회사 후신의 대주주였기에 어떻게든 공사대금을 회수하려 했다. 그의 로비는 때마침 그란콜롬비아에 운하 사용료를 지급하지 않고 운하로부터 나오는 이익을 최대화하려 했던 시어도어 루스벨트Theodore Roosevelt 정부의 의도와 맞아떨어지면서 니카라과지협이 아닌 파나마지협에 운하가 건설되기 시작했다.[103]

파나마운하를 손에 넣으려는 미국 정부와 독점자본의 물밑 작업 덕분에 1903년 11월 파나마는 그란콜롬비아로부터 독립했다. 자유의 땅에서 독점자본이 무제한에 가까운 '자유'를 누렸던 19세기 말에서 20세기 초반 미국의 산업주의는 그러한 '자유'를 통해 증식한 거대 독점자본의 힘으로 정계를 일정 부분 조종하며 해외의 지정학적 질서조차 바꿀 지경에 이른 것이었다.

이듬해 착공한 파나마운하는 10년에 걸친 대규모 토목공사

끝에 1914년 완공되었다. 루스벨트 정부와 긴밀한 유착 관계를 맺었던 모건이 창립한 다수의 금융기관이 차관단을 구성해 대규모 중장기 대출을 가능하게 해주는 신디케이트론syndicate loan은 운하 건설에 필요한 막대한 자금을 대출해 주었다. 그 덕분에 미국은 프랑스가 실패했던 파나마운하를 완공할 뿐만 아니라 그란콜롬비아의 눈치를 보지 않고 파나마운하를 자유롭게 사용할 수 있는 권리까지 확보한다. 물론 파나마운하를 건설하는 과정에서 6천 명의 사망자가 발생했고, 그중 대부분은 흑인, 그리고 당대 미국에서 차별받던 에스파냐계 백인 이주자들로 이루어진 저임금 노동자들이었다.*

파나마운하는 태평양과 대서양을 잇는 항로를 22,500킬로미터에서 9,600킬로미터로 절반도 넘게 단축하며 세계무역을 크게 촉진했다. 개통 11개월이 조금 못 된 시점에서 총 500만 톤의 화물을 실은 1,088척의 선박이 통행했고, 미국은 443만 달러(오늘날 기준으로 1억 3,740만 달러 정도) 가량의 통행료 수입을 올렸다.[104] 1950년대 이후 파나마운하는 매년 14,000척 이상의 화물선이 출입하는 세계 경제와 무역의 지리적 허브로 완전히 자리매김했다.[105]

....

*   미국은 대대적인 보건위생 개선을 통해 전염병 사망률을 크게 낮추며 파나마운하라는 대역사의 성공을 이룩했다고 홍보했지만, 그러한 보건위생 개선은 대부분 관리직을 차지했던 미국 백인들을 위한 조치였고 저임금, 열악한 근무 환경에다 보건위생으로부터도 배제된 흑인 노동자 수천 명이 질병과 사고로 목숨을 잃었다. 박진빈, 〈제국과 개혁의 실험장: 미국의 파나마 운하 건설〉, 《미국사연구》, 32, 2010.

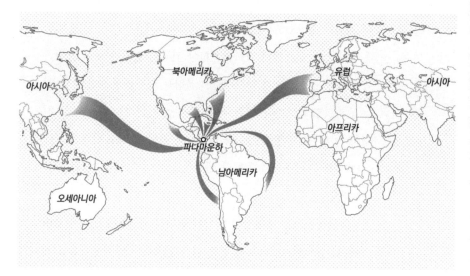

그림 30 **파나마운하의 물동량**

파나마운하 덕분에 미국은 대서양과 태평양에 동시에 진출할 수 있다는 지리적 이점을 완전히 살릴 수 있었고, 그로 인해 세계경제와 무역을 주관하는 종주국 위치에 한 걸음 더 가까이 다가갈 수 있었다.

파나마운하 덕분에 세계의 해운과 해상무역을 주도할 수 있는 지리적 힘을 확실하게 얻은 미국은 북아메리카의 대국 수준을 넘어 자본주의 세계의 새로운 종주국 자리를 확고히 해나간다.[106] 물론 파나마운하는 그 건설 과정이 보여주듯 독점자본주의적·제국주의적 성격도 다분했고, 이곳을 통해 자본주의경제의 헤게모니를 장악할 수 있었던 미국의 행보 역시 자국 중심적·신제국주의적이라는 비판도 있다.[107]

　　최근 들어 중국이 세계 경제 및 무역, 물류에서 차지하는 미국의 지배적 위상을 침식하고 세계경제의 헤게모니를 빼앗으려 하고 있다. 한 예로 운하 건설을 통한 경제적 이익을 노리는 니카라과, 콜롬비아와 제휴해 2014년부터 니카라과운하를 건설하기 시작했다. 하지만 운하 건설에 따른 토지보상금, 환경파괴 문제가 불거지면서 현지 주민들의 반발을 산 데다 자금난까지 가중된 끝에 2018년 사실상 좌초했고, 2024년 5월에는 니카라과 정부가 사업을 취소했다.[108]

　　중국 경제의 팽창과 미중 갈등이 세계 국가안보와 자본주의경제의 핵심 이슈로 부상하고 있는 오늘날 파나마운하의 확장, 그리고 니카라과운하의 좌초라는 중앙아메리카의 지리적 변화가 현재와 미래 자본주의의 방향에 어떤 의미를 가져올지 귀추가 주목된다.

광란의 1920년대,
종주국을 무너뜨린 대공황

국가와 민족을 내걸고 아시아와 아프리카는 물론 유럽 역내에서 팽창과 대립을 이어가던 제국주의적 산업자본주의는 결국 제1차 세계대전으로 폭발했다. 그리고 산업자본주의와 과학기술의 발전은 전쟁 규모와 참상을 눈에 띄게 키웠다.

프랑스·독일·러시아 등 서구 열강은 전쟁을 치르면서 각각 수백만 명이 넘는 막대한 병력을 동원했다. 총 140만여 명의 병력이 동원된 크림전쟁에서 총 60만여 명이 사망하자 전 유럽이 경악에 빠졌다는 사실을 고려하면, 산업자본주의는 불과 60여 년 만에 전쟁의 규모를 열 배 이상 키워준 셈이었다. 게다가 산업자본주의 덕분에 등장할 수 있었던 기관총, 독가스, 현대식 화포, 항공기와 같은 신무기는 군대의 살상력과 파괴력을 이전과 비교할 수 없을 정도로 높였다. 제1차 세계대전 동안, 한 번에 20~60만 명에 달하는 막대한 병력이 기관총 사격과 포격에 목숨을 잃는 대규모 전투가 계속되었다. 산업자본주의가 가져다준 힘으로 4년이 넘도록 국력을 쥐어짜다시피 하며 이어간 총력전 끝에 유럽은 전에 없을 정도로 극심한 인적·물적 손실을 보았다.

하지만 전쟁 초중반 중립을 지키면서 연합국 측에 식량과 군수물자를 수출하고 거액의 차관을 제공하며 전쟁 특수를 톡톡히 누린 미국은 전쟁이 막바지에 접어든 1917년 4월 6일 연합국에 가담하면서 승전국 지위를 얻었다. 제1차 세계대전은 산업자본주의 체제와 그 폐단도, 제국주의의 지정학적 질서도 변혁하지 못한 채 자본주의의 중심지를 미국으로 옮겨가게 만드는 정도의 지리적 변화만 가져왔다.

기술혁신과 체계적 분업을 통해 비숙련 저임금 노동자의 생산 효율성을 높이는 노동 관리 방식인 테일러주의taylorism, 표준화된 공정과 컨베이어벨트를 이용해 효율성을 극대화한 테일러주의 생산 방식인 포드주의fordism 와 같은 경영혁신도 이 무렵에 등장해 미국, 그리고 세계 자본주의의 양적팽창에 결정적으로 이바지했다.* 그 덕분에 1920년대 미국 자본주의는 끝 모를 정도로 성장하고 팽창했다. 유럽 국가들은 전후 복구에 전념해야 했으며 온 나라가 초토화된 상황에서 생산능력은 급감했고 필요한 물품들은 미국에서 사 올 수밖에 없었다.

연평균 경제성장률이 9퍼센트를 넘기고 공장과 기업체의 생산량이 매년 60퍼센트 넘게 증가하며 주가마저 우상향하던 1920년대의 미국은 돈이 넘쳐나면서 사치스럽고 향락에 겨운 문화가 지배하는 땅이 되었다. 그래서 이 시대를 '광란의 20년대Roaring Twenties'라고 부르기도 한다. 미국의 대호황 덕분에 1920년대 중반에 접어

....

* 테일러주의는 제창자인 미국의 기술자이자 프레데릭 테일러Frederick Taylor의 이름을 딴 명칭이고, 포드주의라는 명칭은 포드 자동차에서 선구적으로 도입한 데서 유래했다. 이희연, 앞의 책, pp. 124-125, 2014.

들어서 패전국 독일을 비롯한 유럽 국가들도 전후 복구를 일정 부분 마무리하고 자본주의경제의 반등을 시작할 수 있게 된다.

호황이 계속되면서 기업체는 더 많은 돈을 벌기 위해 재화의 생산 규모를 계속해서 늘렸고, 주가가 하루가 다르게 고점을 갱신하자 투기라고 불러야 할 만큼 과다한 주식투자가 일상화된다. 심지어 경제전문가들이 돈을 저축하는 대신 주식시장에 모두 투자하라는 기고문을 발표할 정도였다.[109] 이처럼 '광란'에 가까운 과도한 생산과 주식투자 열풍은 결국 1929년 임계점에 도달했다. 고전자본주의 이론가들의 신념과는 달리 자유시장경제가 터무니없이 커진 공급과 주식 열풍을 조절하지 못한 결과였다.

그해 10월, 미국 뉴욕 월스트리트의 증권거래소에서는 주가가 37퍼센트나 폭락했다. 산업자본주의, 고전자본주의, 독점자본주의에 종언을 고한 대공황의 시작이었다.

○
●
○

수정자본주의와 함께
점점 불어난 전쟁 스케일

대공황으로 GDP의 30~40퍼센트가 증발한 미국 경제는 파탄 났
고, 그 여파는 자본주의 세계 전체로 이어졌다. 자본주의의 중심지
인 미국이 이 지경에 빠지니, 제1차 세계대전이 끝난 뒤 전후 복
구가 어느 정도 마무리되면서 경제가 되살아나는가 싶던 다른 자
본주의국가들 역시 또다시 나락에 빠질 수밖에 없었다.

대공황이 불거지기 전부터 경제학자들은 이미 산업자본주의
의 문제점을 간파하며 대안을 모색하고 있었다. 그 대표적인 인물
이 바로 영국의 경제학자 존 메이너드 케인스John Maynard Keynes였
다. 자유시장이 수요·공급을 완벽하게 조절하지는 못한다는 한계
에 주목한 케인스는 정부가 경제활동에 일정 부분 개입해서 시장
기능을 적절히 조절해야 민간경제가 원활하게 돌아간다는 주장을
펼쳤다. 이른바 케인스주의라 불리는 그의 주장은 자본주의의 가
장 기본 전제인 시장에서의 자유경쟁이라는 원리에 중대한 수정
을 가했기에 '수정자본주의'라고도 불린다.

대공황 시대였던 1930년대에 수정자본주의는 자본주의 국가

그림 31 대공황 시기에 일어난 뱅크런

1930년대 대공황으로 1만 개가 넘는 미국 은행들이 파산하자 예금자들이 예금을 인출하기 위해 몰려드는 뱅크런이 발생한다. 루스벨트 대통령이 예금보험공사를 설립해 예금자 보호를 강화함으로써 뱅크런의 확산세가 진정된다.

들로부터 많은 주목을 받았다. 특히 1932년 미국 제32대 대통령으로 취임한 프랭클린 루스벨트Franklin D. Roosevelt는 케인스의 주장을 받아들여 뉴딜정책을 추진했다. 그 결과 노동조합이 결성되고, 최저임금 등 노동자에 대한 권리가 법제화되었다. 그뿐 아니라 사회보장제도가 적극적으로 도입되었으며, 경기부양과 일자리 창출을 위한 대대적인 토목공사가 시행되었고, 문화예술 분야에 대한 적극적인 지원이 이루어졌다. 뉴딜정책은 상당한 성과를 거두었지만, 대공황을 완전히 극복하지는 못했다. 대공황으로 인한 경제적 손실이 워낙 크기도 했고, 토목공사만으로는 경제회복과 고용 안정화에도 한계가 있었기 때문이다. 제2차 세계대전이 일어나지 않았다면 뉴딜정책은 결국 좌초했으리라는 의견도 적지 않다.[110]

제1차 세계대전 이후에도 여전히 식민지를 거느리고 있던 영국, 프랑스 등은 식민지 경제와 본국 경제의 연결성을 강화(블록경제)하고 공산품을 식민지에 수출하는 방식으로 대공황이 초래한 극심한 경제난에 대처했다.

수정자본주의는 전쟁을 전제하거나 의도한 사상·체제가 아니었지만, 결과적으로 제2차 세계대전이라는 더한층 거대하고 파괴적인 대전쟁과 맥을 같이하며 발전해 갔다. 제1차 세계대전에서 패배하거나 자본주의 경쟁에서 소외된 이탈리아·독일·일본이 파시즘 국가로 변모한 뒤 자본주의 세계를 상대로 전쟁을 일으킨 결과였다. 제1차 세계대전은 제국주의와 결합한 산업자본주의의 부작용이라는 성격이 강했고, 파시즘이 제1차 세계대전의 후유증 속에서 대두했음을 고려하면 산업자본주의가 초래한 부작용의 여파는 제1차 세계대전으로 끝나지 않고 그보다 더 규모가 컸고 파괴적이었던 제2차 세계대전으로까지 이어진 셈이었다.

유럽에서 큰 전투가 치러졌던 제1차 세계대전과 달리 제2차 세계대전은 남북아메리카 본토를 제외한 세계 전역을 무대로 했고 인명 피해도 월등히 컸다. 소련에서만 사망자가 2~3천만 명에 달했으며 독일에서는 1천만 명이 목숨을 잃었다. 게다가 나치독일은 과학기술을 악용해 수많은 유대인과 슬라브인을 강제수용소에서 조직적으로 학살했고, 일본은 군부대를 동원해 생체실험을 자행했으므로 과학기술과 자본주의의 발달은 인간의 상상력을 뛰어넘을 정도로 극단적인 부작용을 낳았다.

대공황에서 대호황으로, 세계지도를 재편하다

자본주의 세계는 물론 공산국가 소련마저도 완전히 집어삼킬 듯 보였던 파시즘 국가의 연승 행진은 1942년 후반에서 1943년을 기점으로 꺾였다. 이 시기부터 패색이 짙어지더니 1945년 모조리 패망하면서 제2차 세계대전은 끝이 났다. 이로써 자본주의를 위협하던 파시즘은 지구상에서 사라졌다. 전쟁 직전 세계 2~3위의 경제대국이었던 소련과 나치독일의 GDP를 합한 것보다도 GDP 규모가 컸던 미국의 막대한 경제력과 생산력이 군사력 강화에 국가역량을 쏟아붓다시피 한 두 나라의 전쟁 수행 능력을 압도했기 때문이다. 압도적인 경제력을 가진 미국이 없었다면 자본주의 세계가 파시즘과의 전쟁에서 패배했으리라는 견해도 있다.[111]

　　제2차 세계대전의 종전으로 제국주의 체제는 종언을 고한다. 그리고 전쟁이 일어나기 전부터 세계 자본주의 선도국이었던 미국을 중심으로 독립국 간의 자유무역이 이루어지는 새로운 자본주의의 지리적 질서가 정립되었다.[112] 이에 영국이 반발했지만, 미국을 거스를 수는 없었다. 자본주의국가의 본국 역내 스케일에서는 무한정에 가까운 경제활동의 자유를 허용하면서 그것을 벗어난 스케일에서는 보호무역과 식민지 운영이라는 자유주의에 전혀 반대되는 경제활동이 이루어졌던 자본주의 세계는, 제2차 세계대전 종전을 계기로 미국 힘의 논리에 따라 다시금 양분된 셈이었다.[113]

1944년, 전후 경제질서를 논의하기 위해 미국 뉴햄프셔주 브레턴우즈Bretton Woods에서 국제통화금융 회의가 열렸다. 이 회의에 따라 미국 달러를 기축통화로 하는 금본위제인 브레턴우즈체제가 출범했고, 그로 인해 미국은 세계 최대의 경제대국 수준을 넘어 자본주의 세계 경제의 공간 질서를 재편하고 주도하는 주체로 완전히 자리매김하게 되었다.

제2차 세계대전이 끝난 뒤 미국은 1920년대와도 비교할 수 없을 정도로 전무후무한 대호황을 맞았다. 그리고 막대한 재정 능력을 발휘해 전쟁으로 피폐해진 서유럽을 재건하는 데 도움을 주기로 결정했다. 창안자인 국무장관 조지 마셜George Marshal의 이름을 따 흔히 마셜플랜Marshall Plan이라고도 불리는 유럽부흥계획 European Recovery Program, ERP을 시행(1948~1952)한 것이다. 그 덕분에 서독을 비롯한 서유럽 국가들은 1950년대에는 미국 중심으로 재편된 자본주의경제의 공간적 질서 속에서 선진국 자리를 회복함은 물론, 복지국가로 변모했다.

절반의 승리,
냉전의 지정학

제2차 세계대전이 파시즘을 상대로 자본주의 세계, 이른바 '자유
진영'이 거둔 위대한 승리라는 견해는 사실 반만 옳다. 제2차 세계
대전의 승리를 가져온 또 다른 주체가 바로 소련이었기 때문이다.
소련은 나치독일과의 전쟁으로 국토가 초토화되고 3천만 명이 넘
는 인명 피해가 발생했다. 하지만 기어이 전세를 역전하며 베를
린을 점령하고 나치독일을 패망시켰다. 게다가 나치독일이 항복
한 뒤에도 저항을 계속하던 일본 괴뢰국인 만주국에 전격으로 침
공해 일본 관동군을 순식간에 무너뜨림으로써 제2차 세계대전의
완전한 종전에 결정적 이바지를 했다. 그 결과 소련은 전후 국제
사회에서 미국과 나란히 할 만큼 강력한 발언권을 얻는다. 그러다
보니 미국으로서도 세계 전역을 자유무역과 자본주의가 지배하는
공간으로 재편할 수는 없었다.

　1940년대 후반에서 1950년대 초반을 거치면서 동독을 포함
한 거의 모든 동유럽 국가는 공산화를 거쳐 소련의 위성국으로 전
락했다. 자발적인 혁명이 아닌 오로지 소련의 강압에 의한 강제적
공산화였지만, 미국조차도 이를 저지할 방도가 없었다. 애초에 미
국이 마셜플랜을 실시하게 된 까닭도 서유럽 국가로 공산주의가
확산되는 것을 막기 위함이었다. 미국의 우려 속에 결국 1949년
중국이, 1954년 프랑스의 식민지였던 베트남이 공산국가가 되었

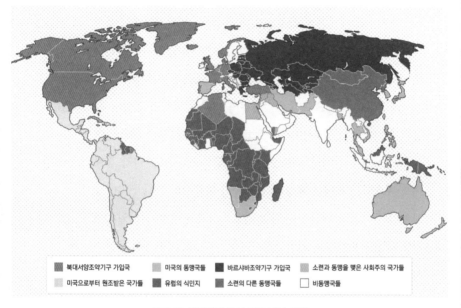

■ 북대서양조약기구 가입국　　■ 미국의 동맹국들　　■ 바르샤바조약기구 가입국　　▨ 소련과 동맹을 맺은 사회주의 국가들

▨ 미국으로부터 원조받은 국가들　　■ 유럽의 식민지　　■ 소련의 다른 동맹국들　　□ 비동맹국들

그림 32 냉전체제 당시 둘로 나뉜 세계

제2차 세계대전 이후 미소 양국의 주도로 세계는 자본주의권과 공산주의권으로 재편된다. 자본주의권과 공산주의권을 옹호하는 유럽 각국끼리의 전쟁은 결국 유럽 대륙 전체의 공멸만을 불러올 뿐이었기에, 그 힘의 대결은 주변 나라에서 대리전의 양상을 띠게 된다. 나아가 미소 양국은 제2차 세계대전 이후 새롭게 독립한 신생국들을 자국의 질서에 편입시키려는 정책을 펼쳤다.

다. 그 결과 제2차 세계대전 후 세계질서는 자본주의를 적대시하는 공산주의가 세계의 절반을 지배하며 자본주의 세계와 팽팽한 군사적 대치를 이어가는 냉전의 지정학적 지형으로 탈바꿈한다.

자본주의 세계는 이데올로기 대립이었던 한국전쟁에서 북한의 대한민국 침공을 저지(휴전협정, 1953)하고, 1955년에는 공산주의 세력이 비교적 약하고 친서방 성향이 강했던 베트남 남부에 베트남공화국을 세움으로써 공산주의의 지리적 영역이 걷잡을 수 없이 확산하는 일을 어느 정도 막을 수 있었다. 하지만 1970년대까지 공산권은 건재한 수준을 넘어, 특히 아시아·아프리카 등지에서 계속해서 세력을 확장했다. 심지어 자본주의 선진국이자 공산주의의 지리적 확산을 저지할 전초기지였던 이탈리아·일본에서도 공산당의 세력이 커진다든지 붉은 여단, 적군파 등의 공산주의 테러단체가 활개를 치는 일까지 벌어졌다.

베트남전쟁에서 미국이 패배하고 베트남 전역의 완전한 공산화(1975)가 이루어지면서 자본주의 세계는 공산권에 세계의 절반을 내어주게 된다. 미국의 패배는 미국은 물론 자본주의 세계 전체의 경제적 침체를 불러온다. 게다가 케인스주의도 여러 부작용을 양산한다. 제2차 세계대전에서 절반의 승리를 거둔 채 공산주의와 세계를 양분하며 대치해야 했던 자본주의 세계는 1970년대에 이르러 체제 내부와 외부에서 거대한 도전과 위기에 직면하게 된다.

이상한 나라의 자본주의가
그려낸 새로운 세계지도

○
●
○

베트남에서 미군이 철수한 1973년, 자본주의 세계경제를 뒤흔드
는 대사건이 일어난다. 바로 제1차 석유파동1973 Oil Crisis이다. 중동
전쟁*에서 이스라엘이 프랑스와 미국의 대대적 지원을 받으며 아
랍 연합군을 상대로 연승을 거두고 이집트로부터 시나이반도까지
빼앗자, 석유수출국기구Organization of the Petroleum Exporting Countries,
OPEC의 중심 국가인 사우디아라비아가 미국과 서방 세계를 압박
하기 위해 석유 감산減産을 단행한다. 그 결과, 세계 유가는 네 배
나 폭등했다.

　석유파동으로 석유 공급을 교란당한 자본주의 세계는 치명타
를 입을 수밖에 없었다. 미국은 1940년대 후반부터 자국산 석유만
으로 국내 수요를 충당할 수 없어 상당량의 석유를 수입해 왔고, 서
유럽의 사정은 미국보다 더 나빴기 때문이다.[114] 결국 현대 경제와
산업의 근간이 되는 석유 자원을 쥐고 있는 중동 산유국에 미국도
한 수 접어야 했다.

....

* 　1948년, 이스라엘이 독립한 뒤, 이스라엘과 아랍 여러 나라 사이에 네 차례에 걸쳐
벌어진 전쟁이다. 1979년, 미국의 중재로 이집트와 이스라엘이 평화조약에 서명함으로써 30년
간의 전쟁이 끝이 났다.

제1차 석유파동은 1974~1975년을 거치며 표면상으로는 사그라들었지만, 그 여파로 스태그플레이션*이 일어난다. 유가가 비정상적으로 급등하니 경제와 산업활동은 크게 위축되는데 물가는 되려 치솟았다. 그로 인해 민생마저 불안해지는 최악의 상황이 자본주의 세계로 퍼져나갔다. 석유를 통해 외적으로 팽창해 가던 자본주의 세계는 자원전쟁으로 치명타를 얻어맞고 스태그플레이션에 시달리며 좌초할 위기에 처한다.

베트남전쟁의 패배 후유증과 석유파동이 초래한 스태그플레이션이라는 이중고에 시달리던 1970년대의 미국은 같은 자본주의 국가인 일본, 서독의 도전까지 받으며 산업과 경제 분야의 성장 동력을 잃고 만다.

자본주의의 또 다른 주축 영국에서도 '영국병'이라는 이름의 빨간불이 켜졌다. 영국은 제2차 세계대전 이후, 전후 복구와 식민지 독립으로 인한 경제구조 재편을 비교적 성공적으로 해나가며 '요람에서 무덤까지'라는 캐치프레이즈로 상징되는 현대적인 복지국

. . . .

* 경제가 성장하면 물가는 자연스레 오른다. 호경기에 시장에 돈이 많이 풀리는 데 따른 결과다. 반대로 물가가 크게 떨어지면, 우리는 가계지출이 줄어드는 행운을 누리기는커녕 경제난과 불황에 대비할 고민부터 해야 한다. 국제경제를 보더라도 물가의 하락, 즉 환율의 저평가는 대체로 그 나라 경제에 악영향을 미친다. 무역이나 국제금융을 통한 이익이 줄어들기 때문이다. 한편 물가는 오르는데 경기는 되려 퇴보하는 일도 있다. 경기는 나쁜데 원자재의 가격이 치솟는다든지, 경기 활성화를 위해 정부에서 시장에 많은 돈을 풀지만 정작 그 효과는 미미하면 이러한 현상이 일어난다. 이를 정체라는 뜻의 스태그네이션stagnation, 그리고 물가상승이라는 뜻의 인플레이션inflation을 합한 단어인 스태그플레이션이라 부른다. 경제에서 '엎친 데 덮친 격'이라는 관용어에 해당하는 사례가 바로 스태그플레이션이다.

가로 거듭났다. 하지만 1960년대부터 노동자들의 능률과 생산성 저하 문제가 서서히 불거지더니, 1970년대에는 GDP 규모가 세계 10위권 밖으로 밀려나는 등 경제문제가 국가적인 '질병' 수준으로 커졌다. 심지어 1976년에는 국제통화기금International Monetary Fund, IMF에 구제금융을 신청하는 지경에 놓인다.

수정자본주의에서
신자유주의로

이에 1960~1970년대 서방 경제학계에서는 자본주의경제를 새롭게 재편해야 한다는 논의가 힘을 얻기 시작했다. 미국 시카고대학교에서 교수직을 지내며 시카고학파를 형성한 프리드리히 하이에크Friedrich Hayek와 밀턴 프리드먼Milton Friedman을 위시한 이들은 정부의 비대화가 경직된 관료제의 예산 낭비와 비효율과 같은 부작용을 초래한 끝에 스태그플레이션이나 경제위기를 불러온다고 주장했다. 나아가 과다한 정부지출은 시장에 화폐 과잉공급이 일어나게 만들어 인플레이션을 조장할 위험성이 크므로, 정부는 시장경제에 대한 불필요한 개입을 최소화하고 그 자율성을 시장과 민간에 맡겨야 하며 통화 공급을 적절히 관리해야 한다는 주장(통화주의)을 폈다. 또 민간경제를 옥죄는 정부 규제, 그리고 기업과 자본에 부담을 주며 정부지출까지 키울 수 있는 과세를 최소화해야 한다고 주창했다.

노동운동 역시 이들에게는 민간경제의 자유와 효율성을 저해하는 '적폐'였다. 시카고학파는 복지예산을 줄여도 민간경제가 성장하면, 마치 물이 위에서 아래로 떨어지듯 그 몫이 복지와 사회 안정으로 이어진다는 낙수효과의 논리를 펼쳤다. 또한 경기변동에 유연하게 대처하기 위해서는 단기계약직·외주 하청·파견노동제 같은 비정규직 고용을 확대하고 노동시장에 대한 규제 완화를 통해 해고를 쉽게 함으로써 고용량을 탄력적으로 조절하는 노동의 유연화도 주창했다.[115]

시카고학파의 주장은 정부의 시장경제에 대한 방임을 전제하고 복지나 통화조절에 무관심했던 고전자본주의와는 분명히 다르지만, 자본과 시장 자유의 극대화를 주장한다는 점에서는 상통한다. 그래서 시카고학파가 제창한 새로운 자본주의의 흐름을 '신고전주의' 또는 '신자유주의'라 부른다.

1970년대에 신자유주의는 세계 각국으로부터 큰 주목을 받았으며, 1976년 프리드먼이 노벨경제학상을 수상하면서부터는 수정자본주의로부터 주도권을 빼앗아 오기 시작했다. 1981년 미국 제40대 대통령으로 취임한 로널드 레이건Ronald Reagan 과 1979년 영국 총리로 임명된 마거릿 대처Margaret Thatcher 가 신자유주의를 경제정책의 기조로 삼으면서, 신자유주의는 본격적으로 수정자본주의를 대체해 나갔다.

1980년대~1990년대 초반에 이르는 기간 동안, 레이건과 대처가 추진한 신자유주의경제 정책의 성과는 확실했다. 레이건 집권기에 미국의 실질 GDP는 30퍼센트 이상 상승했고, 물가상승률은 12퍼센트대에서 5퍼센트대로, 실업률은 7퍼센트대에서 5퍼센트 대로 떨어지며 스태그플레이션 문제가 일단락되었다.

대처 집권기의 영국 또한 잘나갔다. 노동운동은 대대적인 탄압을 받았지만 어쨌든 영국병은 치료된 셈이다. 1982년에는 포클랜드(말비나스)제도의 영유권을 구실로 아르헨티나 군사정권이 도전하며 포클랜드(말비나스)전쟁이 일어나지만, 보기 좋게 승리를 거두면서 국력을 세계 곳곳에 과시했다.

1990년을 전후해 자본주의는 세계경제를 완전히 장악한다. 동기부여 실패에 따른 노동생산성 저하, 경직된 관료제의 비효율성 등과 같은 계획경제의 모순이 누적된 끝에 동유럽 각국에서 공산주의 정권이 무너지고 소련까지 해체되면서 사실상 공산권이 소멸되었다. 북한 등 극소수를 제외한 대부분의 옛 공산국가는 자본주의 체제로 전환했다.

세계라는 공간에서 자본주의, 더욱 정확히는 신자유주의가 성취한 업적은 여기서 그치지 않았다. 때마침 이루어진 교통과 통신 기술 발달에 힘입어 신자유주의는 글로벌 공간을 새로운 형태로 재조직한다. 신국제분업을 통한 세계화의 실현이었다.

세계화의 다른 이름,
신국제분업

신국제분업이란 제조업 같은 분야에서 인건비가 저렴한 개발도상국이 생산을 전담하고 선진국은 마케팅이나 디자인, 연구개발R&D, 그리고 고도의 기술이나 자본집약적산업을 담당하는 형태의 국제분업이다. 식민지나 개발도상국이 제조업 생산에서 배제되고 식량 또는 원자재 공급을 담당하던 과거의 국제분업과는 차별화되는 새로운 형태의 국제분업이라는 의미에서 신국제분업이라는 이름이 붙었다.

신국제분업이라는 개념 자체는 1960~1970년대부터 존재했지만, 교통·통신 기술이 고도로 발달하고 냉전이라는 지정학적 장애물조차 사라진 1990년대에 접어들면서 전 세계적으로 영향력을 크게 키웠다. 나아가 세계경제를 하나로 연결하면서 세계화의 진전을 이루었다.

세계는 거대한 하나의 시장으로 거듭났고, 세계의 경제지리적 질서는 국경을 뛰어넘는 네트워크 형태의 긴밀한 상호 의존성과 상호 연결성이 지배하게 된다. 수많은 대기업은 모국을 넘어 전 세계를 무대로 생산과 경영활동에 임하는 초국적기업으로 진화한다.[116] 더 나은 임금을 받기 위한 노동력의 국제 이동 역시 일상화된다. 편도로만 몇 달이 걸리던 해로海路를 오가야 했던 해상무역으로 성장하고 발전한 자본주의는 1990년대 이후 신자유주의와 신국제분업을 통해 전 세계가 시시각각으로 연결되고 상호 의존하는 진정한 의미의 '세계화'를 이룩한다.

신국제분업의 등장은 전쟁과 공산독재로 인해 피폐해진 동아 시아 세 나라에 중요한 성장 기회를 안겨주었다. 그 세 나라는 바로 한국과 중국 그리고 베트남이다.

먼저 한국전쟁으로 세계 최빈국으로 전락한 한국은 냉전체제 질서에서 저렴한 인건비를 무기 삼아 기적에 가까울 정도로 급속한 경제성장을 이룩한다. 제대로 된 자본주의경제와는 거리가 있는, 군 사정권이 위로부터 주도한 경제성장이었음에도 말이다.

베트남전쟁으로 세계 최빈국으로 전락한 베트남, 그리고 문 화대혁명이라는 극단주의 정치운동으로 인해 마찬가지로 세계 최 빈국 수준으로까지 경제가 파괴된 중국은 1980년대부터 신국제 분업의 생산기지, 노동력 공급기지를 자처하며 빠른 속도로 경제 성장을 이어갔다.

자본주의를 택한 한국과 달리 두 나라는 사회주의를 채택했 다. 하지만 정치적으로 공산독재 체제를 유지하면서도 경제구조 를 자본주의적으로 개혁하며 신국제분업에 뛰어들었다. 1980년 대를 지나며 경제력을 키운 한국도 신국제분업의 지리적 질서 속 에서 중국, 베트남과 교류하고 협업하면서 지속적인 경제발전을 이어갔다.

세계화와 신자유주의, 그리고 정부가 주도한 위로부터의 경 제성장은 동아시아 국가들에 풍요와 미래에 대한 희망을 가져다준 축복일까? 그런 점이 없지는 않다. 한국은 자본주의 선진국으로 부상했고, 중국과 베트남은 경제발전으로 부를 누리고 있다. 하지만 이들에게 빠른 경제성장을 가져다준 세계화, 신자유주의, 위로부터의 경제정책은 만만찮은 사회적·경제적 모순 또한 안겨주었다.

8장

중국,

대륙과 대양을 관통하는
'일대일로'의 거대한 그림

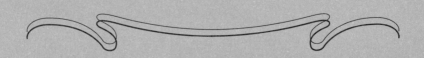

○
●
○

중국은 고대부터 세계 유수의 초강대국이자 고도의 문명국이었다. 중국에서 유래한 한자와 유교 등은 국경을 넘어 동아시아로 퍼져나가며 동아시아 문화권을 구축했고, 중국의 4대 발명품이라 불리는 종이·인쇄술·화약·나침반은 세계 전역으로 전파되어 인류 문명을 획기적으로 변화 및 발전시켰다. 시대별로 편차는 있지만, 18세기까지 중국은 세계 최고의 경제대국이었다. 이러한 중국의 경제적·문화적 힘은 어디에서 연유했을까?

흔히 중국을 '대륙'이라 은유한다. 국토 면적 960만 제곱킬로미터인 세계 4위의 영토 대국 중국은 세계에서 가장 작은 대륙인 호주(770만 제곱킬로미터 정도)보다 넓으니, '중국 대륙'이라는 표현은 과장이 아니다.

고대부터 지중해 무역을 비롯한 해상무역에 의존하며 경제적 부를 창출했던 서구와 달리 중국은 넓은 영토를 효율적으로 연결하기 위해 다양한 교역로를 확보한 뒤 유라시아 내륙의 무역로, 즉 실크로드°를 통해 부를 쌓아나갔다. 그러다 보니 고대부터 중국의 안보는 유라시아 스텝지대 기마 유목민과의 관계에 절대적 영향을 받아왔다. 한나라는 북방의 강대한 기마 유목민 제국인 흉노를 몰아내고 실크로드를 개척함으로써 중국 문명이 세계 문명

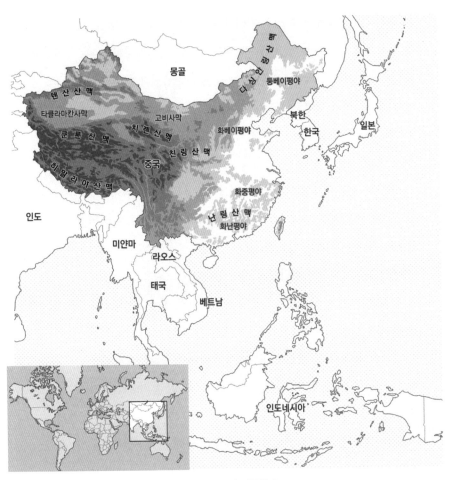

그림 33 **중국의 자연환경**

중국 지형은 대체로 서고동저西高東低 형태를 띤다. 중국의 뼈대라 할 수 있는 산맥은
일곱 개가 있는데, 그중 쿤룬산맥은 아시아에서 가장 길다. 이 쿤룬산맥에서 발원하는
강이 바로 황허강이다. 황허강 하류 지역을 중원中原이라 한다. 황허강 외에 중국 대
륙을 장류하는 강으로 양쯔강이 있다. 양쯔강 하류 지역인 화중·화난 지방은 온난
하고 습기가 많으며, 주로 벼농사가 발달했다.

의 중심지로 발돋움할 수 있는 지리적 발판을 마련했다.[117] 당나라는 전성기에 안서도호부安西都護府를 통해 중앙아시아 대부분을 지배함으로써 세계 제국으로서의 위상을 곳곳에 떨쳤다.[118] 청나라 역시 중앙아시아 방면으로의 대대적인 팽창을 통해 오늘날 중국 영토의 틀을 잡았고, 18세기까지 세계 최대의 경제대국으로 군림했다.

중국은 단순히 땅덩어리만 큰 '대륙'이 아니다. 대륙 국가이면서도 바다로 진출할 수 있는 지리적 환경에 놓여 있다. 동부와 남부 해안지대는 태평양·인도양으로 이어지며, 중국과 인도양을 잇는 바닷길은 초원길과 비단길에 비해 상대적으로 덜 쓰였을지 모르나 엄연히 '바다의 실크로드'였다. 콜럼버스가 대서양을 횡단했던 것보다 앞선 시대인 15세기 초반 명나라 조정은 대규모 선단을 거느린 정화鄭和를 파견해 동남아시아 일대에 수많은 조공국을 확보하고 아프리카 소말리아까지 진출하며 명나라의 위용을 과시했다.

한마디로 중국은 실크로드와 바닷길을 통해 각각 대륙과 태평양·인도양에서 영향력을 행사하고 번성을 누렸다. 미국이 대서양과 태평양을 동시에 접하고 있다면, 중국은 대륙과 대양으로 동시에 진출할 수 있는 지리적 이점을 가진 셈이다. 그렇다면 두 나라의 운명을 가른 결정적 차이는 무엇이었을까?

문화대혁명,
역사상 최악의 광기

1949년, 중화인민공화국 수립은 기적 그 자체였다. 중국공산당은 오랫동안 국민당 정부의 탄압을 받았고, 1937년 일본이 중국 본토를 차지할 야욕을 보이자, 1945년 일본이 항복할 때까지 그들과 싸워야 했다(중일전쟁). 국민당 정부와 일본군의 군사력과 경제력은 중국공산당과는 비교할 수 없을 만큼 압도적이었다. 하지만 중국공산당의 지도자 마오쩌둥毛澤東의 탁월한 카리스마와 군사적·정치적 수완은 공산당에 최후의 승리를 안겨주었다.

마오쩌둥은 중국이 러시아에 비해 도시화가 훨씬 덜 이루어졌다는 점에 착안해 도시 노동자가 아닌 농촌과 농민을 중심으로 하는 공산주의 이념인 '마오주의'를 제창했다. 그리고 옌안延安을 포함한 중국 내륙의 농촌과 오지를 거점으로 삼아 세력을 키웠다. 동시에 탁월한 정치선전으로, 마오쩌둥과 중국공산당이야말로 무능하고 부패한 국민당 정부와 제국주의 일본을 몰아내고 장밋빛 미래를 가져다줄 세력이라는 이미지를 구축하는 데 성공했다.* 그 결과는 중화인민공화국의 수립, 즉 중국의 공산화였다.

....

*   중국공산당은 중일전쟁 당시 세력 보전을 최우선시했으므로 항일전쟁에 대체로 소극적이었으며, 폭력과 공포정치로 근거지를 통치하는 경우도 많았다. 민경배, 〈중국공산당 혁명 근거지의 법제변천(1937-1949)〉, 《법사학연구》 24, pp. 155-156, 2001.

하지만 마오쩌둥과 중국공산당의 경제정책은 낙제라 평가하기에도 과분할 만큼 엉망진창이었다. 경제와 산업에 대한 이해가 부족했던 그들은 현실을 등한시 채 독재국가 특유의 위로부터 주도하는 방식으로 대약진운동(1958~1962)과 같은 마오주의 이념에만 치우친 경제정책을 강행했다. 농촌마다 설치한, 일종의 수제 용광로인 토법고로土法高爐는 그러한 경제정책이 가져온 극심한 부작용의 대표적 산물이다. 철을 자급자족함으로써 마오주의 경제의 번영을 가져온다는 슬로건을 내세우며 중국 각지에 널리 설치된 토법고로에서는 현대 산업에서 쓸 수 없는 저품질 철만 나왔다. 강철, 즉 탄소강 제조를 위해서는 탄소의 비율을 정밀하게 조절하고 불순물을 제거할 정밀한 설비와 수준 높은 기술이 필요한데, 이를 무시하고 이념과 관료제의 힘만으로 전근대 대장간 수준에도 미치지 못하는 토법고로 건설을 밀어붙였기에 실패는 불 보듯 뻔했다. 대약진운동은 수많은 부작용을 낳았고 결국 중국인 수천만 명이 굶어 죽는 참상으로 끝이 났다.

그에 대한 책임으로 마오쩌둥은 권좌에서 물러났고, 새로운 지도자가 된 류샤오치劉少奇와 덩샤오핑鄧小平은 자본주의 시장경제 원리를 일정 부분 받아들인 실용주의적 경제정책을 내세우며 경제회복을 시도했다. 때마침 중국의 우방국 소련에서도 니키타 흐루쇼프가 1953년 사망한 전임자 스탈린을 독재자로 격하하며 자유주의적이고 개방주의적인 경제·사회 개혁을 시도하던 터였다. 류샤오치와 덩샤오핑의 노력으로 1960년대 초반 중국은 연평균 GDP 성장

률이 10~16퍼센트를 기록했다.[119]

하지만 마오쩌둥은 권력을 놓을 생각이 조금도 없었다. 그는 자신의 추종 세력을 총동원해 1966년 류샤오치와 덩샤오핑을 자본주의와 결탁한 수정주의자라 비판하며 실각시켰다. 1976년까지 이어진 문화대혁명의 시작이었다. 이로써 권력을 완전히 재장악한 마오쩌둥은 정치테러 집단인 홍위병紅衛兵을 결성, 자신의 권력 유지에 조금이라도 걸림돌이 될 법한 사람들을 '반동'으로 몰아 무자비하게 구타하고 조리돌림한 뒤 투옥했다. 또 수많은 중국의 문화유산을 마오주의에 반하는 '봉건적' 잔재라는 이유로 파괴했다. 이 시기에 류사오치를 비롯해 중화인민공화국 건국의 주역이었던 평더화이彭德懷, 허룽賀龍 등도 마오쩌둥에게 직언하거나 밉보였다는 이유로 홍위병에 구타당하고 조리돌림당한 뒤 옥사했다. 또한 유가가 역사를 후퇴시켰다고 마오쩌둥이 비판하자 홍위병은 공자孔子의 고향인 취푸曲阜에 있는 공자묘와 사당을 파괴하고 불태우는 만행을 저질렀다. 심지어 빨간색이 혁명과 마오주의를 상징한다는 이유로, 신호등의 빨간불을 통행 신호, 파란불을 정지 신호로 바꾸는 일까지 일어났다.

극단적 마오주의와 광기 어린 홍위병의 극심한 정치테러 행각이 사회를 지배했던 문화대혁명 때 중국의 경제력은 쇠퇴하고 경제기반마저 파괴되었다. 특히 홍위병의 난동이 가장 극심했던 1966~1967년에는 GDP 성장률이 마이너스 수준으로 떨어졌다. 대숙청의 광기가 잦아들고 마오주의에 따른 농촌 개발이 진행된

그림 34 1967년, 문화대혁명 당시 홍위병들

1966년에 본격화한 문화대혁명의 한 추진력이 된 학생 조직을 홍위병이라고 한다. 이들은 정부 내의 부르주아지적 요소로 간주되는 것을 축출하는 데 앞장섰으며 중국의 구시대적 문화유산을 제거하는 데 힘썼다.

1968~1969년에는 10퍼센트에 가까운 성장률을 회복하는 듯 보였으나, 1970년대에는 또다시 큰 폭으로 떨어졌다.[120] 이미 대약진 운동으로 치명타를 입은 중국 경제는 10년 동안이나 이어진 문화 대혁명의 광기 속에서 세계 최빈국 수준으로 전락했다.

대국굴기,
세계의 공장으로 거듭나다

문화대혁명 시기를 마오쩌둥의 좌편향이 낳은 비극이자 '잃어버린 10년'이라고 하는데, 아이러니하게도 세계 스케일에서 중국은 되려 자본주의 세계와 이어질 다리를 놓고 있었다. 그 실마리는 마오쩌둥이 류샤오치, 덩샤오핑과 더불어 수정주의자라 비판했던 흐루쇼프 집권기 소련과의 갈등에 따른 중국의 지정학적 변화와 위기에서 나왔다.

대약진운동과 문화대혁명이 초래한 혼란과 별개로, 중국은 소련과 더불어 공산권에서 손가락에 꼽는 군사 대국이자 인구 대국이었다. 당연히 공산권에서 발언권과 영향력의 확대를 원했고, 그럴 만한 명분과 힘도 있었다. 그런 와중에 흐루쇼프의 개방 정책은 마오쩌둥의 노선과 충돌을 빚었고, 결국 중소 국경분쟁(1964~1969)이라는 무력 충돌로 폭발했다. 하지만 중국의 군사력은 소련에 비할 수준이 아니었으며 전면전이 일어나면 패망을 면하기 어려웠다. 그러니 중국으로서는 외부의 강력한 동맹국이 절박하게 필요했다. 그 대상은, 소련을 상대로 유리한 고지를 잡을 타이밍만 보고 있던 미국이었다.

1971년 4월, 일본 나고야에서 열린 제31회 세계탁구선수권대회에 출전한 미국 선수단과 기자단이 중국을 방문하자 중국 정부는 이들을 국빈으로 융숭하게 대접했다. 문화대혁명이라는 내우와 중소 국경분쟁이라는 외환이 겹친 상황에서, 이를 타개해줄 미국이라는 새로운 우방을 만들 기회를 놓쳐서는 안 되었기 때문이다. 탁구대회로 미중 관계 회복의 물꼬가 트이더니, 이듬해 2월 미중 정상회담을 거쳐 〈상하이 공동성명〉이 발표되면서 두 나라의 관계가 일변一變했다. 이 성명에서 두 나라 정상은 상대국의 체제를 존중하고 양국 관계를 정상화하기로 합의했고, 미국은 중국공산당 정권의 중국 본토 지배를 인정했다(이른바 핑퐁외교). 문화대혁명의 광기가 여전했던 1972년의 중국은 역설적이게도 냉전체제의 복잡한 지정학적 질서 속에서 마오주의의 대척점에 있었던 미국 그리고 자본주의 세계와의 연결고리를 마련하는 데 성공했다.

1976년 마오쩌둥이 사망하면서, 문화대혁명의 광풍도 결국 막을 내렸다. 마오쩌둥을 등에 업고 호가호위하던 그의 측근들은 모두 실각했고, 재기한 덩샤오핑이 새로운 지도자가 되었다. 덩샤오핑이 이끌어야 할 중국은 자본주의, 나아가 신자유주의 신국제분업 체제에 편입될 수밖에 없는 다중스케일적 환경에 진입해 있었다. 핑퐁외교 덕분에 중국은 공산국가임에도 냉전체제 시기에 미국과의 관계가 상당한 수준으로 개선되었으며, 1979년에는 미국과 정식으로 수교*했다. 동시에 1978~1979년에는 미국, 영국, 프

....

* 　미국은 중국과 수교하면서 국제적으로 '하나의 중국(중국 본토와 대만, 홍콩, 마카오 등은 절대 나눠질 수 없으며 합법적인 중국 정부는 오로지 하나라는 원칙)'을 인정하라는 중국의 요구에 따라 대만과 단교했다.

랑스, 일본, 캐나다, 호주, 네덜란드 등 자본주의 선진국에 3천 명에 달하는 국비유학생을 파견한 데 이어 1981년에는 자비유학까지 허용함으로써 자본주의 세계와의 연결고리를 확실히 다졌다.[121]

당시 중국 국내 스케일에서는 인건비가 매우 저렴한 노동력이 풍부했고, 이를 활용해 문화대혁명, 더 거슬러 올라가 대약진운동의 후유증을 극복하고 경제를 재건할 필요성이 절실했다. 그리고 세계 스케일에서는 신자유주의가 서서히 자본주의 세계의 새로운 패러다임으로 자리 잡아가면서, 중국이 저렴하면서도 풍부한 노동력을 앞세우며 '세계의 공장'으로 자리매김할 수 있는 신국제분업이라는 환경이 조성되기 시작했다.

신자유주의가 본격화하기 시작한 1980년대 이후, 중국은 성장률이 최대 15~16퍼센트에 달하는 폭발적 경제성장을 이어갔다. 앞서 말한 중국 스케일과 세계 스케일이 맞물리면서 중국을 세계 최대의 공장으로 만들어 준 것이다. 그 덕분에 중국의 주된 자원과 원자재 공급처인 호주마저도 20년이 넘는 장기 호황을 누렸다.[122] 그러면서 중국의 경제 규모는 날이 갈수록 눈에 띄게 커졌고, 자본과 기술의 축적이 잇따르면서 경제와 산업 모두 질적으로 혁신되었다.

2000년 중국의 1인당 GDP는 1,000달러에 미치지 못했고 그 규모는 미국의 11~12퍼센트, 일본의 4분의 1 수준이었다. 하지만 2010년에는 일본을 제치고 세계 2위의 경제대국으로 부상했으며 1인당 GDP 역시 4,500달러를 돌파했다. 2024년에는 1인당 GDP가

13,000달러를 돌파했다. 그러니 중국이 가난한 나라, 저임금 노동력에 의존하는 나라라는 표현은 이제 더는 맞지 않는다. 게다가 중국의 경제성장률은 2010년대 후반부터 세계 평균치보다 높다.[123]

이 같은 수치만 본다면 덩샤오핑의 경제정책은 결실을 맺었다고 할 수 있다. 그래서인지 자신감을 얻은 중국은 더 큰 꿈을 꾸고 있다. 덩샤오핑은 1978년 도광양회韜光養晦, 즉 밖으로 퍼져나갈 빛을 감추고 은밀히 힘을 기른다는 외교 기조를 바탕으로 경제 개방을 시작했지만, 2010년대 중후반 이후 중국은 공공연히 '대국굴기大國崛起*'를 외치고 있다. 수많은 학자와 전문가는 머지않아 중국이 미국마저 제치고 세계 최대의 경제대국이 되리라고 예측한다. 과연 그 예측은 맞아떨어질까?

유라시아와 인도양을 잇는
현대판 실크로드

오늘날 세계경제의 지리적 질서는 중국에 유리한 방향으로 보이진 않는다. 이미 1990년대 중반부터 서방 자본주의국가들은 신자

....

* '대국이 일어서다'라는 뜻이다. 중국중앙텔레비전CCTV이 제작한 다큐멘터리 〈대국굴기〉에서 유래했다. 이 다큐멘터리를 보면 경제적 부흥을 이룩하고자 하는 중국의 결연한 의지가 드러난다.

유주의 강령과는 별개로, 자국의 이익을 위한 경제와 무역의 지리적 통합에 나섰다. 유럽은 1940년대 후반부터 전쟁 재발 방지와 부흥을 위한 통합을 구상했고, 그 결실이 1993년 출범한 유럽연합European Union, EU*이다. 미국과 캐나다, 멕시코도 1994년 상호 간의 무역장벽을 철폐 또는 최소화함으로써 역내무역을 촉진하는데 주안점을 둔 북미자유무역협정North American Free Trade Agreement, NAFTA을 결성했다. 이 세 나라는 NAFTA를 개정해 2020년 역내 자유무역의 촉진을 위한 미국·멕시코·캐나다협정United States-Mexico-Canada Agreement, USMCA 다자간 무역협정을 맺었다. 이 밖에도 세계 각국은 여러 자유무역협정을 체결하며 배타적인 경제지리적 통합에 박차를 가하고 있다.

중국이 '대국굴기'를 완성하려면 USMCA, EU 등에 맞설 지리적 장치가 절실히 필요했다. 그런데 태평양 일대는 미국의 지배력이 확고했다. 그렇다고 미국과 무리한 싸움을 벌일 생각은 없으므로 효과적으로 힘을 뻗칠 수 있는 새로운 지리적 영역을 확보해야 했다. 포르투갈이 먼저 개척한 인도-아시아 방면 항로를 대신할 새로운 항로를 찾아 대서양을 횡단한 15세기 말의 에스파냐처럼 말이다.

....

*　시초는 1957년 3월, 로마조약 체결로 출범한 유럽경제공동체European Economic Community, EEC 다. 이후 여러 차례 조약을 수정하며 오늘에 이르고 있다. 2021년 1월 영국의 브렉시트로 2024년 기준 회원국은 27개국이다.

2008년 세계 금융위기는 중국의 이 같은 계획의 필요성과 당위성을 더한층 키웠다. 금융위기로 인해 미국 패권에 중대한 타격이 가해진 한편으로, 무역 규모가 위축되면서 중국 또한 수출 위주의 경제정책을 탈피할 필요성이 절실해졌기 때문이다.[124]

이런 상황에서 2012년 집권한 시진핑習近平은 2013년 9월 유라시아 내륙의 산유국 카자흐스탄에서 중국과 중앙아시아, 유럽을 하나의 경제로 연결하는 현대판 실크로드 경제벨트를 제안했다. 그다음 달에는 인도네시아를 방문해 인도양을 중심으로 중국과 동남아시아, 서아시아, 아프리카, 유럽을 통합하는 21세기 해상 실크로드의 구상을 내놓았다. 현대판 실크로드 경제벨트가 일대—帶, 21세기 해상 실크로드가 일로—路이니, 이를 합쳐 일대일로—帶—路 라 부른다.[125]

다시 말해 일대일로는 태평양과 대서양을 동시에 장악한 해양 세력 미국에 맞서, 옛 실크로드처럼 유라시아 내륙을 관통하는 교통로를 중심으로 인도양 항로까지 확보해 유라시아를 경제적으로 연결하고 통합하려는 경제정책이다. 그리고 그 중심에 있는 중국이 새로운 자본주의 세계 체제, 세계의 새로운 지정학적 질서를 주도하고 구축한다는 구상이다.[126] 미국의 해군 제독이자 지정학자인 앨프리드 머핸Alfred Mahan이 1890년《해양력이 역사에 미치는 영향》을 발표하며 해양 대국 미국이 해양력을 제패할 신호탄을 쏘아 올린 지 120여 년이 지난 시점에, 시진핑이 유라시아와 인도양을 아우르는 지리적 힘을 이용한 대국굴기를 부르짖은 것이다.

일대일로 프로젝트는 중국을 중심으로 유라시아 지역을 여섯 개의 경제회랑economic corridor으로 구분한다. 이 가운데 새로운 유라시아 대륙교New Eurasian Land Bridge 경제회랑은 중국 북서부를 중앙아시아의 산유국이자 영토 대국인 카자흐스탄, 그리고 유럽 러시아와 연결한다. 중국-몽골-러시아 경제회랑은 이 세 나라를 잇는다. 중국-중앙아시아-아시아 경제회랑은 중국 서부에서 우즈베키스탄, 이란과 아라비아반도 북부를 거쳐 튀르키예까지 이어진다. 중국-인도차이나반도 경제회랑은 베트남, 캄보디아 등 인도차이나반도를 중국과 연결하고, 중국-방글라데시 경제회랑 및 중국-파키스탄 경제회랑은 중국을 각각 방글라데시, 파키스탄과 연결한다.

이 같은 6대 경제회랑을 통해 중국은 광대한 유라시아 스텝과 사막, 고산지대 등의 자연지리적 경계로 분절되면서 다양한 문화권으로 나누어지는 유라시아 경제를 중국 중심으로 통합하고, 이를 인도양의 해양 실크로드와 연결 지으려 한다. 이렇게 하면 유라시아와 인도양을 중국 경제의 영향력 아래 두어, 새로운 시장과 에너지자원의 공급처를 확보함은 물론 미국을 견제할 수 있는 지정학적 근거지까지 마련할 수 있다.

2023년 기준 한화로 1,200조 이상의 막대한 자금이 누적 투입된 일대일로는 특히 중앙아시아, 아프리카 국가들의 대대적인 참여를 이끌어 내는 데 성공했다. 경제발전에 필수적이면서 막대한 비용과 뛰어난 기술력을 요구하는 인프라 건설을 대대적으로 지원한 덕

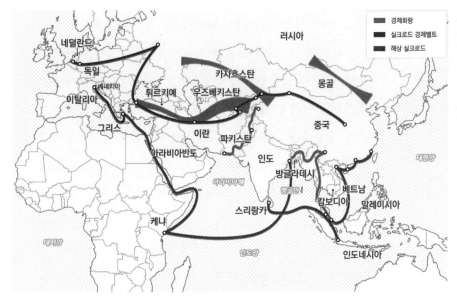

네덜란드
독일
베네치아
이탈리아
그리스
튀르키예
우즈베키스탄
카자흐스탄
러시아
몽골
중국
이란
파키스탄
아라비아반도
인도
방글라데시
베트남
캄보디아
말레이시아
케냐
스리랑카
인도네시아
태평양
아라비아해
벵골만
대서양
인도양

그림 35 6대 경제회랑

경제회랑은 철도와 도로 등 물류망을 중심으로 주요 경제권을 연결하는 프로젝트로,
일대일로 구상을 추진하는 데 중추적 역할을 담당한다. 6대 경제회랑 건설은 주요
경제권의 인프라 통합, 인적 네트워크의 교류, 체제 및 기제의 연동을 기본 원칙으로 한다.

분이었다. 2008년 미국발 경제위기 이후 세계경제가 위축되자, 일대일로는 그 대안으로 여겨지며 가입국을 더한층 확대해 나갔다. 2024년 12월 기준으로 가맹국은 150개국 정도에 달한다.

세계은행은 2017년에 전 세계 해외직접투자액의 35퍼센트, 수출 규모의 40퍼센트가 일대일로 참여국에서 이루어졌다고 밝혔고,[127] 2019년에는 일대일로가 머지않아 유럽과 한국, 일본까지도 경제적으로 통합하리라는 보고서를 발간했다.[128] 그리고 중국 국무부는 2023년 10월, 일대일로 프로젝트가 글로벌 경제협력의 혁신을 이루고 경제 세계화에 따른 여러 문제점에 대한 대안을 마련함으로써 인류 운명 공동체의 새로운 비전을 제시했다고 평가했다.[129]

일대일로가 그 지리적 범위를 중앙아시아와 아프리카를 벗어나 전 세계로 키우고 있는 모양새도 관찰되고 있다. EU 가맹국인 폴란드, 체코, 오스트리아, 포르투갈에 이어 2019년에는 이탈리아가 일대일로 프로젝트에 참여했고(이탈리아는 2023년에 탈퇴했다), 2016년 국민투표를 통해 EU 탈퇴(브렉시트)를 결의한 영국도 일대일로 참여를 진지하게 검토하고 있다. 그 결과 제2차 세계대전 종전 직후 마셜플랜 때부터 미국과 정치적·경제적·외교적 관계를 70여 년간 맺고 있는 유럽 국가들이 일대일로를 통해 중국과 긴밀하게 연결된 새로운 영역으로 변모할 수도 있다는 예측까지 나왔다.[130] 이에 미국 정계와 재계, 사회는 머지않아 중국에 세계의 패권과 주도권을 내주게 되리라는 충격과 위기의식에 빠졌다.[131]

21세기판
그레이트 게임은 어디로?

2024년 현재 일대일로를 통한 중국의 꿈이 실현될지는 현실적으로 불투명하다. 2018년 미국 경제지 《포린폴리시 Foreign Policy》는 일대일로를 중국의 '큰 실수 big mistake'라 평가한 바 있다. 《포린폴리시》는 일대일로 프로젝트는 공산독재 성격이 강한 시진핑 정부*가 지정학적 영향력 확대를 목적으로 한 소비적·약탈적 투자가 주를 이루고 있어 안전성과 재정적 건전성이 제대로 담보되지 못하고 있다고 평가했다. 또 중국 정부가 가장 많은 비용을 투자한 동남아시아와 남아시아의 경제회랑은 여러 해가 지나도록 투자 효과를 제대로 거두지 못하고 있고, 장기적으로 여러 가맹국은 물론 중국에도 손실만 안기게 되리라고 예측했다.[132]

《포린폴리시》가 예측한 대로 일대일로에 대한 문제점이 상당 부분 불거지고 있다. 일대일로는 대규모 차관 제공을 통한 가맹국의 인프라 건설을 골자로 하는데, 이는 가맹국들의 부채비율이 과

....

* 시진핑 정부는 공산당·정부 내부에서 일정 부분 권력의 분산이 이루어졌던 장쩌민江澤民 정부(1989~2003)나 후진타오胡錦濤 정부(2003~2012)에 비해서도 국가주석인 시진핑에게 권력이 과도하게 집중된 일인 독재 성격이 확연히 강하다고 평가받는다. Chan, K. N., Lam, W. F., and Chen, S., "Elite bargains and policy priorities in authoritarian regimes: Agenda setting in China under Xi Jinping and Hu Jintao," in *Governance*, 34(3), pp. 842–851, 2021.

다하게 증가하는 문제, 즉 부채 함정debt trap을 유발했다. 또 인프라 건설에 중국인 관계자와 노동자들이 주로 투입되다 보니 정작 가맹국의 일자리 창출도, 경제·산업 발전에 필요한 기술이나 노하우 전수도 제대로 이루어지지 못하고 있다. 일례로 2022년에 일어난 스리랑카와 잠비아의 국가부도 선언은 일대일로 프로젝트 참여에 따른 과다한 국가부채가 주된 원인이었다고 여겨진다.[133] 최근 아프리카 국가들에서는 일대일로 프로젝트로 인한 부채 함정으로 재정난에다 실업문제까지 불거지면서 반정부 시위가 이어지는 등 정치적 불안을 초래하는 문제도 심심찮게 나타나고 있다.[134]

이 같은 문제점은 서구 자본주의국가와 차별화되는 중국 특유의 국가자본주의 체제와 무관하지 않다. 중국은 덩샤오핑 집권기부터 정부 주도의 경제정책을 이어왔다. 그렇다고 해서 정부 주도의 고도성장을 경험한 바 있는 한국과 같은 경제발전 곡선을 보이는 것도 아니다. 중국은 정치적으로 공산당 일당독재 체제를 유지하며 정부가 기업활동과 금융을 직접 지배하고 국유화를 확대해 나가는 방침을 고수하고 있다.[135]

중국은 오랫동안 근현대적 자본주의경제 체제와 거리를 두다가 공산당 일당독재 체제에서 자본주의, 그중에서도 신국제분업 체제로 편입되었다. 그러다 보니 자본주의 세계의 지리적 질서가 변하던 흐름에 발맞춰 세계의 공장으로 거듭나는 동시에 공산당 일당독재가 금융과 기업마저 공고히 지배하는 중국 스케일에서 벗어나지 못하는 이상한 자본주의국가가 되어버렸다.

게다가 갈수록 심해지는 중국의 국가자본주의는 시장과 경제에 대한 정부의 과도한 간섭을 초래하며 해외 기업체들이 중국에서 철수하게 만드는 등 중국 경제에 장기적으로 부정적인 그림자를 드리우고 있다. 특히 개발도상국이 많이 참여한 일대일로 프로젝트에 중국 정부의 이해관계나 정치적 의도가 지나치게 개입되면서, 일대일로는 국가 스케일을 통합한 경제협력이라는 본래의 취지에서 벗어나 과도한 채무 강요와 이에 따른 부채 함정, 부정부패 같은 문제점을 낳았다.[136]

일대일로에 대한 서구 자본주의 세력의 견제도 만만치 않다. G7, 즉 주요 7개국(미국, 독일, 일본, 영국, 프랑스, 캐나다, 이탈리아)은 2022년 글로벌 인프라·투자 파트너십Partnership for Global Infrastructure and Investment, PGII을 발족했다. PGII는 일대일로와 비교했을 때 문화, 교육, 환경, 에너지 안보 등 저개발국과 개발도상국 등의 요구 그리고 세계 경제와 사회의 지속가능성과 밀접하게 관계되는 다각적 의제를 한층 포괄적으로 다룬다.[137] 그리고 PGII의 대표 프로젝트인 인도-중동-유럽 경제회랑India-Middle East-Europe Economic Corridor, IMEC은 괄목할 만한 경제성장을 이어가는 인도를 인도양을 가로질러 중동, 유럽과 연결 지음으로써 일대일로의 인도양, 유럽 방면으로의 확장을 저지하는 데 초점을 맞추고 있다.[138]

2024년 4월, 미국과 일본은 한때 일대일로 가맹국이었던 필리핀과 3국 정상회담을 가졌다. 그 결과 청정에너지를 포함한 필리핀에 대대적 인프라 투자를 약속한 프로젝트인 루손 경제회랑의 막이 올랐다. 미국과 일본은 필리핀이 남중국해를 둘러싸고 중국과 영토분쟁을 겪고 있다는 점에 착안, 이러한 지정학적 상황을 이용하기로 한 것이다. 두 나라는 필리핀에 경제협력뿐만 아니라 한층 강화된 안보·군사동맹을 제공하기로 했다.[139] 또한 미국이 경제적·지정학적 면에서 중국보다 우위를 점하기 위해 벌이는 무역 전쟁은 일대일로 프로젝트에 자금난을 불러일으키며 프로젝트 진척을 방해하고 있다.[140]

2024년 12월 현재 일대일로가 완전히 실패했다고 단정 지을 수는 없다. 우크라이나와의 전쟁으로 막대한 군비 지출 부담과 서방의 경제제재에 시달리고 있는 러시아가 경제적·지정학적 출구 전략을 마련하기 위해 일대일로에 우호적 태세로 선회하는 현상이 관측되고 있기 때문이다.[141] 하지만 같은 시점 시진핑의 국정·경제 정책 기조가 경제적 난관 속에서 46년 전의 '도광양회'로 선회한다는 보도[142]가 시사하듯이, 일대일로를 통해 자본주의 경제체제의 세계지도를 재편한다는 중국의 계획은 일단 문턱에 걸린 듯하다. 어찌 보면 21세기판 그레이트 게임과도 같은 일대일로와 그에 대한 서방 세계의 응전이 자본주의 세계지도를 어떻게 바꿀지, 앞으로 그 향방을 주목할 필요가 있다.

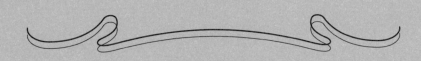

9장

베트남,

양날의 검이 되어버린
천혜의 지리 자원

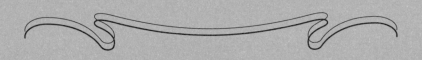

○
●
○

베트남은 1946년부터 1975년까지 무려 30년 동안 전쟁을, 그것
도 자본주의 세계 전체를 상대로 이어왔다. 베트남전쟁에서 북베
트남이 승리함으로써 지리적으로 공산주의가 팽창되었고 미국 경
제는 큰 어려움에 빠졌다. 그러니 미국은 베트남을 자본주의 세계
를 수렁에 빠트릴 나라, 자본주의 세계의 지정학적 '블랙홀' 같은
존재라 여겨졌을지도 모른다.

하지만 베트남 전역이 공산화된 지 10여 년이 흐른 뒤, 베트
남의 국정과 경제정책은 친자본주의적 방향으로 대전환되었다.
베트남어로 개혁·개방이라는 뜻의 도이머이Đổi Mới라 불리는 베트
남 자본주의경제 정책은 신자유주의의 세계적 확산과 더불어 괄
목할 성장을 거두었다. 최근에는 해외투자 기업에 대한 과도한 규
제, 정경유착 등의 문제가 불거지며 인건비까지 상승하고 있는 중
국을 떠나 베트남으로 생산 시설을 옮기는 초국적기업도 증가하
는 추세다.

현재 도이머이정책은 성공한 경제개혁으로 평가받으며, 베트남
경제는 순조롭게 성장곡선을 그리고 있다. 신자유주의 시대 신흥 시
장으로 급부상할 수 있었던 베트남의 원동력은 무엇일까? 머지않아
베트남도 중국처럼 경제대국으로 발돋움할 수 있을까?

유리한 입지는
위기일까 기회일까?

'동남아시아 경제' 하면 저임금 노동력을 무기로 삼은 개발도상국을 떠올리지 않을까 싶다. 실제로 동남아시아 국가 중에서 싱가포르와 브루나이를 제외하면 선진국이라 할 만한 나라를 찾기 어려우며, 대부분은 저임금 노동력을 바탕으로 한 노동집약적 산업에 경제기반을 두고 있다. 베트남도 예외가 아니다.

사실 베트남은 경제발전에 매우 유리한 지리적 입지를 가진 땅이다. 남중국해 방면으로 길이가 매우 긴(3,260킬로미터) 해안선은 북동쪽으로는 남중국해와 태평양, 남쪽과 서쪽으로는 말레이반도와 인도네시아 수마트라섬 사이에 있는 믈라카해협을 통해 인도양으로 이어진다. 그러면서도 수로와 석호 등이 발달해 항만이나 수운 교통에 매우 유리한 환경을 갖추고 있다.[143]

그 덕분에 베트남은 고대부터 실크로드 바닷길, 그리고 태평양과 인도양을 잇는 해상무역의 강자로 떠올랐다. 특히 15~18세기에는 이웃한 중국은 물론 포르투갈·네덜란드·프랑스 등 유럽 국가들과도 활발하게 해상무역을 이어가는 동시에, 서양인들이 주도한 해상무역 네트워크의 중요한 축으로 자리매김하며 막대한 경제적 이익을 축적했다.*

게다가 베트남은 아시아 6대 산유국으로서 석유와 천연가스가 풍부할 뿐 아니라 희토류 매장량은 중국에 이어 세계 2위(전 세계 매장량의 18퍼센트)에 달한다. 또한 메콩강 삼각주는 전 세계 쌀 생산량의 20퍼센트를 차지하는 세계적 곡창지대인 데다가 수산양식업까지 활발하게 이루어지는 곳이다. 영국·프랑스·네덜란드 등 서구 열강이 근대 이후 동남아시아에 광대한 식민지를 건설한 것도, 제국주의 일본이 태평양전쟁을 일으킨 것도, 이 같은 지리적 배경이 작용했다.[144]

일찍이 서구와의 교류를 통해 서구식 화학무기와 군사기술을 받아들인 베트남은 강력한 육해군을 건설했다. 1643년에는 화포로 무장한 베트남 수군이 네덜란드 동인도회사의 무장상선을 격파하는 등 군사적 우위에서 밀리지 않았다. 베트남은 유럽 국가들과 어깨를 나란히 하며 무역을 이어감은 물론 19세기 초반까지 증기선을 제작하는 등 제국주의 열강의 침략에 맞서 근대화와 부국강병을 이루려고 적극적으로 노력했다.[145]

하지만 19세기 후반, 베트남은 프랑스 식민지로 전락하고 만다. 19세기 중반부터 정치적 혼란에 빠지며 약체화된 베트남을 제국주의 프랑스가 잠식한 것이다. 왜 프랑스는 베트남에 눈독을 들였을까? 빈체제**로 나폴레옹 시대의 영토를 잃어버린 프랑스는 과

....

* 　베트남의 해상무역 활동이 대단히 활발해 베트남 근해에는 무수히 많은 침몰선 유적과 유물이 분포해 있을 정도다. 딘티레 후옌, 앞의 논문, pp. 80–117, 2021.

** 　1814년에 빈회의에 의해 성립한 정치체제를 가리킨다. 오스트리아의 재상 클레멘스 메테르니히Klemens Metternich의 주도하에 유럽 강대국들은 자유주의와 민족주의 운동을 탄압하면서 유럽의 현상 유지를 도모하는 보수 반동 체제를 펼쳤다.

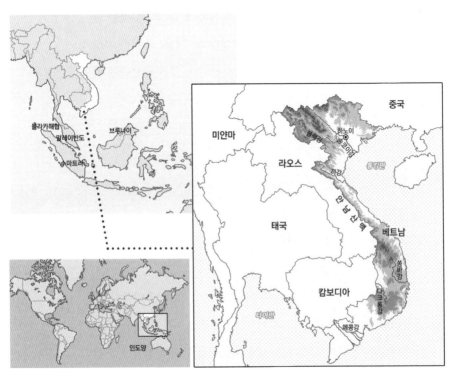

그림 36 **베트남 지형**

베트남은 지형적 특징에 따라 내륙의 안남산맥 지역과 북쪽의 송코이강 삼각주 지역, 남쪽의 메콩강 삼각주 지역, 그리고 북부의 고원지대로 구분할 수 있다. 지형적 다양성으로 기후는 지역마다 상당히 다른 편이다.

거의 영광을 그리워했다. 이러한 국민적 열망에 힘입어 나폴레옹의 조카가 대통령에 당선되었으나 쿠데타를 일으켜 공화정을 폐지하고 황제의 자리에 올랐다. 바로 나폴레옹 3세 Napoléon III 다. 그는 유럽의 강대국들보다 프랑스가 군사적 힘에서 밀린다는 것을 알았으므로 아시아로 눈을 돌렸고, 경제활동과 무역에 유리한 지리적 조건을 가진 베트남을 지나칠 수 없었다. 이 같은 베트남의 지리 조건은 베트남을 위기로 빠뜨렸지만, 오늘날에는 경제발전에 상당한 힘을 실어주고 있다.

글로벌 가치사슬,
위태로운 사다리 올라가기

베트남은 30년 가까이 베트남전쟁을 벌이다가 1975년 미국의 지원을 받은 베트남공화국이 패망하면서 통일을 이룬다. 1979년에는 중국군의 침공으로 벌어진 세계 최초 공산국 간의 전쟁인 중국·베트남전쟁(중월전쟁)에서도 승리를 거두었다. 1978년 12월에는 극단적 공산주의를 표방하며 국경분쟁을 이어가던 캄보디아에 침공해 크메르루주 정권을 무너뜨린 뒤 1989년까지 캄보디아를 다스렸다. 군사적 측면에서만 보면 베트남은 미국이나 유럽 국가들에 견줄 만큼 강대국이었다.

반면 경제는 30년 넘게 이어진 전쟁 후유증으로 세계 최빈국 수준으로 떨어졌다. 베트남전쟁으로 서구 자본주의 세계와의 경제교류가 단절되었고 그들로부터의 원조도 기대할 수 없게 되었다. 게다가 중월전쟁으로 중국과의 교류마저 차단되었다. 그런 상황에서 베트남공산당 정부는 옛 남베트남의 공무원과 군경 및 고급 인력을 반동분자로 몰아 숙청했고, 많은 이가 이를 피해 해외로 대거 탈출(보트피플)하면서 베트남 경제의 재건·발전을 주도할 인재가 대폭 유출되었다.

더군다나 베트남공산당이 소련의 5개년계획을 벤치마킹하며 의욕적으로 추진한 제2차 5개년계획(1976~1980)은 소련과 동유럽 공산국가들의 지원까지 받았음에도 실패하고 말았다. 특히 남부에서는 치솟는 실업률, 식량난, 생필품 부족 등과 같은 심각한 경제문제가 계속해서 불거졌다. 중공업에 치우친 공산당의 계획경제로 국민의 생필품 생산을 전담하는 경공업과 농업 부문에 제대로 된 투자가 이루어지지 못했고, 노동자의 동기 유인에 실패하는 바람에 산업생산성마저 곤두박질친 결과였다.[146] 게다가 캄보디아 침공은 베트남의 국위를 선양하기는커녕 가뜩이나 어려운 경제 상황을 더한층 악화시켰다.

결국 베트남공산당은 자본주의와 시장경제의 요소를 경제정책에 대폭 수용하는 도이머이정책을 선택할 수밖에 없었다. 1986년부터 시작된 도이머이정책은 1989년에야 본궤도에 올랐고, 그마저도 처음에는 뚜렷한 성과를 거두지 못했다. 우선 세계 스케일에서 냉전의 종식과 신국제분업 체제는 옛 공산국가들을 자본주의 체제로 포섭했고, 이에 따라 베트남은 중국과 마찬가지로 저렴한 인건비를 내세운 자본주의경제의 생산기지로 떠오르며 경제성장을 가속할 절호의 기회를 맞이했다.

동아시아 스케일 역시 1990년대 접어들어 중국은 고도성장을 이어가고, 한국은 노동집약적 경제구조에서 벗어나 기술 산업 집약적 경제구조로 전환해 가고 있었다. 1990년대 베트남은 한국과 일본을 비롯한 세계 여러 기업체로부터 인건비가 저렴한 생산기지로 주목받기 시작했고, 베트남 정부 역시 매우 적극적으로 해외 기업의 진출과 투자를 유치했다.[147]

2000년대 이후 중국의 인건비가 소득수준 증가에 따라 상승한 데다 공산당 정부의 외국 기업에 대한 규제가 심해지면서 베트남 경제는 다시 한번 높이 도약할 기회를 마주한다. 중국에서 경영하기 어려워진 외국 기업들이 베트남으로 눈을 돌리기 시작한 것이다. 중국과 지리적으로 인접한 베트남은 인건비가 낮고, 같은 공산국가인 중국에 비해 해외 기업과 투자자가 받아들이기 비합리적이거나 까다로운 규제도 없었다. 이에 따라 2000년대 중반부터는 대대적으로 증가해 가는 해외직접투자의 혜택을 톡톡히 누리며 1990년대보다 훨씬 빠르게 경제구조를 개편하고 경제성장의 속도를 올려 나갔다. 그 결과 2020년대에 접어들며 베트남은 탈중국post-China 시대 새로운 '세계의 공장'으로 크게 주목받는다.

이때부터 베트남은 한국과 경제적으로 매우 긴밀하게 연결되기 시작했다. 동남아시아 지도를 보면, 베트남은 북쪽 해안지대에 자리하고 있어 다른 나라들에 비해 상대적으로 한국과 가깝다. 물론 이러한 지리적 배경도 한몫했지만, 그보다는 베트남만이 지닌 인문지리적 이유가 크게 작용했다.

　베트남은 북쪽으로는 광둥성廣東省 일대인 중국 남부와 비교적 개방적 지형으로 연결되고, 서부는 험준한 안남산맥이 자리 잡고 있다. 그러다 보니 서쪽이 아닌 북쪽으로 눈을 돌릴 수밖에 없었고 자연스레 중국과 교류하게 된다. 그 결과 고대부터 중국 문화의 영향을 강하게 받았으며, 다른 동남아시아 국가와 달리 대승불교, 유교, 한자 등과 같은 중국 문화를 대대적으로 수용하면서 인문지리적으로는 동아시아에 가까운 지역으로 자리매김해 왔다. 이러한 베트남의 인문지리적·문화적 특성은 한국과 베트남이 사회·문화적으로 상당한 동질성을 띠게 만드는 결과를 낳았다. 그 덕분에 한국 기업체는 다른 동남아시아에 비해 베트남 경제와 시장에 비교적 쉽게 진출할 수 있었다.[148 149 150]

　최근 들어 베트남은 일본을 제치고 중국·미국의 뒤를 잇는 한국의 3대 무역 상대국으로 대두했을 뿐만 아니라, 한국이 무역에서 가장 많은 흑자를 거두어들이는 수출 시장으로 발돋움했다.[151] 한국 기업의 베트남 진출이 1990년대에는 섬유산업 등 노동집약적산업 위주로 이루어졌다면 오늘날에는 첨단산업 분야로까지 확대되고 있다. 실제로 30개에 가까운 삼성전자의 협력 공장 대부분이 들어선 북부 박닌성Bắc Ninh은 베트남 전체 전기·전자 산업의 22.1퍼센트를 차지하는 대표적 집적지로 거듭났다.[152] 오늘날 한국과 베트남은 여러 국가 또는 지역 간의 경제와 산업이 긴밀하게 연결되며 경제적 가치를 창출하는 네트워크적 생산·공급 체계인 글로벌 가치사슬global value chain 을 탄탄하게 이루고 있다.

도이머이, 불평등과 기후위기의
블랙홀이 되다

베트남 경제는 외적으로는 계속해서 발전을 이어가고 있다. 1990년에 세계 최빈국 수준인 90달러에 불과했던 1인당 GDP는 2022년에 4,100달러로 증가했고, 1993년 58퍼센트가 넘었던 빈곤율은 2010년에 14.2퍼센트 수준으로 감소했으며, 2009년에는 중간소득 국가에 진입했다.[153] 이러한 일련의 흐름에 비추었을 때 2045년에 선진국으로 도약한다는 베트남 정부의 비전을 그저 허풍이나 정치선전으로 치부해서는 안 될 듯싶다.

하지만 세계 최빈국 베트남을 중간소득 국가로까지 도약하게 만든 신자유주의와 신국제분업 체제가 이제는 베트남 미래에 먹구름을 불러오고 있다. 초국적기업이 베트남에 진출하면, 베트남에 일자리가 생기고 돈이 들어온다. 그러나 그러한 경제적 이익은 선진국에 있는 초국적기업 본사가 벌어들이는 이익에 비하면 매우 약소한 수준이다. 물론 초국적기업에서 일하는 베트남인들은 자국의 평균 소득수준을 크게 웃도는 돈을 벌 수 있을지 모르지만, 그들의 '높은 소득수준'은 베트남 스케일에서 볼 때뿐이다. 초국적기업이 얻은 이윤 가운데 가공과 조립, 생산을 담당한 베트남에는 국내 스케일에서 '많아 보이는' 정도만이 배당될 뿐이다. 이는 베트남이 투입한 노동력에 비해 적은 수준의 자본만을 축적하며, 선진국과의 격차를 허용할 수밖에 없도록 만드는 문제점을 초래한다.

베트남에 삼성전자 현지법인을 비롯한 첨단산업단지와 기술집약산업단지들이 속속 들어서고 있지만, 이 같은 사실이 곧 베트남의 기술 수준을 유의미하게 끌어올린다거나 혁신을 주도하는 결과로 이어진다고 보기 어렵다. 초국적기업 산업 생산 시설에 베트남인 노동자 대부분은 단순 생산직으로 고용되고 있다. 물론 고위관리직이나 연구개발 담당 인력으로 채용될 때도 있지만, 이는 초국적기업의 '효율적'이고 '안정적'인 경영에 필요한 '최소한의 수준' 정도를 넘지 않는다. 심지어 초국적기업이 인건비 절감을 위해 베트남 노동자들의 장기근속을 방해하는 등의 문제[154]까지 발생하고 있다. 이 같은 현실은 기술 축적과 혁신을 바탕으로 첨단기술과 고부가가치산업 중심으로 경제적 구조를 전환하려는 도이머이정책에 걸림돌이 되고 있다. 베트남 노동자들의 삶의 질 향상이라든가 노동에 대한 정당한 권리 획득을 가로막음도 물론이다.

베트남 스케일에서 보면 공산당 일당독재 체제는 도이머이정책을 계획하고 주도했지만 한편으로 창조경제와 혁신을 저해한다. 그리고 높은 교육열과는 별개로 비효율적인 교육체제, 특히 고등

교육의 낮은 질적 수준 또한 베트남 경제의 혁신과 구조 전환을 가로막는 장애물이다.[155] [156] 여기에 초국적기업의 진출이 활발히 이루어진 해안지대와 그렇지 못한 내륙지대의 경제력 격차까지 벌어지면서 경제적·지리적 불평등을 초래하고 악화하는 사회문제까지 대두되고 있다.

그뿐 아니라 산업 활동이 활발해지고 초국적기업의 산업 시설과 현지법인이 계속해서 설립되면서 환경문제가 심각해지고 있다. 특히 기후위기라는 전 지구적 스케일 문제와 맞물리며 베트남의 지속가능성을 위협하고 있다. 기후위기는 기온이 높아 물과 열의 순환이 많이 이루어지는 열대나 아열대기후 지역부터 치명타를 가하는데, 베트남 메콩강 삼각주를 비롯한 저지대는 바닷물의 역류나 극심한 가뭄, 홍수 같은 자연재해가 빈번히 발생해 골머리를 앓고 있다.[157]

또한 하노이, 호찌민 등 주요 대도시들은 세계 최악의 대기오염에 시달리고 있다. 세계보건기구는 극심한 대기오염으로 베트남에서 매년 6만 명 이상이 조기에 사망하고 있다고 발표했으며, 심지어 2024년 2월에는 하노이의 심각한 대기오염으로 인해 100편이나 되는 항공편이 회항하거나 지연되는 사건까지 빚어졌다.[158]

이처럼 기후위기라는 글로벌 스케일의 환경문제와, 산업 활동 및 도시화의 부작용이라는 베트남 국내 스케일의 문제가 다중스케일적으로 작용한 결과, 자연경관이 아름다운 휴양지와 관광 명소들이 계속해서 파괴되어 가고 있다. 이 같은 환경오염 문제가

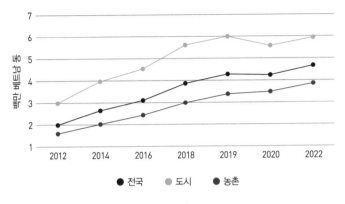

그림 37 베트남 가구당 월평균 소득 변화

해외 기업과 자본의 진출 및 투자가 활발히 일어나는 해안지대(도시)는 빈곤율이 현저히 낮지만, 그렇지 못한 북서부 내륙지대(농촌)는 빈곤율이 상당히 높다는 것을 알 수 있다.

베트남 재정과 경제에 무시하기 어려운 부담으로 작용하고 있음은 말할 필요도 없다.[159]

　무엇보다 경제성장으로 인해 노동자의 인건비가 상승하면서 국제시장에서의 경쟁력도 떨어질 것으로 전망된다. 중국의 인건비 상승이 초국적기업의 베트남 진출과 투자를 촉진했듯이, 베트남보다 인건비가 더 저렴한 캄보디아·미얀마·필리핀 등지로 사업장이나 투자처를 옮기는 초국적기업과 외국 기업들이 증가하는 추세다.[160]

　신국제분업의 글로벌 가치사슬 속에서 베트남은 세계의 공장 입지를 점하며 빠른 경제성장을 이룩했다. 하지만 저렴한 인건비에 치중한 경제성장은 신자유주의와 신국제분업이라는 불평등한 자본주의 경제질서 속에서 베트남 경제는 물론 사회와 자연환경의 지속가능성조차 위협하고 있다. 자본 축적과 기술 혁신이 부재한 가운데 저임금 노동력 위주로만 이루어진 경제성장에는 뚜렷한 한계가 따를 수밖에 없다. 이러한 문제들을 개선하지 못한다면 베트남은 캄보디아 같은 주변 후진국에 발목 잡히며 '먹고살 수는 있는 나라' 수준을 벗어나지 못하게 될 위험성이 크다. 게다가 최근 심각해지고 있는 환경문제에 대한 실효성 있는 대안을 마련하지 못한다면, 베트남은 메콩강 삼각주 같은 지리적 이점을 더는 살리지 못한 채 사람들이 살아갈 터전마저 망치게 될 것이다. 그렇게 되면 베트남의 지속적인 경제발전은 더한층 요원해질 수밖에 없다. 베트남은 지난 수십 년 동안 빠른 경제성장을 가능하게 했던 신국제분업 체제의 '공장'이라는 지리적 위치에서 벗어나 경제와 산업구조를 전면적으로 전환해야 할 갈림길에 놓인 셈이다.

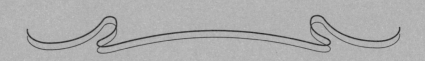

10장

대한민국,

토건 위에 세운 한국형
신자유주의의 운명

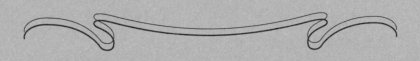

○
●
○

1997년 IMF는 한국 경제에 치명타를 가했다. 대기업과 은행에 다니며 남부럽지 않은 경제적 풍요를 누리던 사람들은 하루아침에 정리해고를 당하거나 명예퇴직을 강요당해 실업자, 심지어는 노숙자로 전락했다. 종신 고용이 당연시되던 한국의 노동시장은 비정규직 중심으로 빠르게 재편되고 명예퇴직과 정리해고가 일상화되면서 직업적 안정성이 보장되는 하위직 공무원이 '신의 직장'과 같은 위치에 올랐다.

이 같은 문제는 극심한 불황의 결과물로 치부할 성질의 것이 아니었다. IMF 구제금융의 대가로, 한국이 신자유주의경제 정책을 수용해야만 했기 때문에 일어난 일이었다. 2000년 12월, 김대중 정부(1998~2003)가 IMF 구제금융의 완전 상환, 즉 IMF 극복을 선언한 뒤에도 비정규직과 높은 실업률 문제가 해소되기는커녕 계속해서 악화되는 까닭도 바로 여기에 있다.

김대중 정부에 이어 집권한 노무현 정부(2003~2008)가 정부의 정체성을 '좌파 신자유주의'라는 지극히 모순된 방식으로 규정한 배경에도, 2000년대에 신자유주의가 세계적으로 거스를 수 없는 대세처럼 여겨졌던 분위기, 그리고 IMF로 인해 재편된 한국 경제와 사회의 현실이 자리 잡고 있다.[*]

그렇다고 한국식 신자유주의를 오직 IMF의 산물이라 치부해서는 곤란하다. 그 기저에는 '한강의 기적'이라 은유되는 1960~1980년대 초고속 압축 경제성장기에 대대적인 토목건설 사업이 행해지면서 태동한 토건주의가 자리 잡고 있기 때문이다. 즉 국토와 자연환경을 착취에 가깝게 이용하고 개발하는 토목건설 사업을 중심으로 국정과 경제정책이 이루어지는 경제체제[161]가 오늘날 한국 사회를 갉아먹는 여러 경제적·사회적 문제의 근본 원인이라 할 수 있다.

냉전의 다중스케일이 낳은 '한강의 기적'

냉전체제에서 강대국의 대리전 성격이 다분했던 한국전쟁(1950~1953)은 일제의 식민 지배에서 이제 막 벗어난 한반도를 초토화시켰다. 오랜 식민 지배로 인해 경제 기반이 매우 취약했던 한국은 전 국토가 한국전쟁으로 파괴되면서 세계 최빈국으로 전락했다. 게다가

....

*　　신자유주의가 자본주의의 패러다임 가운데 보수적인 성격이 다분하다고는 하지만, 애초에 신자유주의는 수정자본주의에 대한 대안으로 출발한 데다 일정 수준의 사회복지도 용인하므로 신자유주의를 진보나 '좌파'와는 절대 무관하다고 단정 짓는 식의 관점은 타당하다고 보기 어렵다. 백승찬, 2024, 〈'신자유주의'는 우파 전유물?···좌파도 그 세계적 질서에 결정적 역할〉, 《경향신문》, 2024. 05. 16. 자 기사(https://n.news.naver.com/article/032/0003296648?sid=103, 2024. 06. 25. 접속).

전쟁으로 인해 남북분단이 고착화되면서 한국은 중대한 안보의 위협에 내몰렸다. 또한 국시가 된 반공주의는 민주주의 발전에도 무시하기 어려운 걸림돌이었다.

하지만 냉전체제는 수정자본주의의 대호황과 맞물리며, 어떤 면에서는 한국의 경제 부흥과 발전에 기회를 안겨주었다. 냉전체제에서 미국은 공산주의의 확산을 저지하기 위해 자본주의 국가에 대한 대대적인 지원을 이어갔다. 1950~1960년대는 자본주의 세계가 호황을 누렸으므로 한국은 미국으로부터 경제적 원조와 지원을 받을 수 있었으며, 그에 힘입어 1960년대에 가발·신발·섬유 등과 같은 노동집약형산업인 경공업에 주력하며 수출 주도 경제정책을 통해 경제발전을 도모했다.

당시 동아시아의 지리적 상황 역시 한국의 수출 주도 경제성장에 도움을 줄 수 있는 환경이었다. 일본은 제2차 세계대전의 패배로 경제가 거의 마비 상태에 빠졌으나 한국전쟁으로 전쟁 특수*를 누리며 경제호황을 구가하는 가운데 선진국으로 진입해 가는 상황이었다. 중국·베트남은 전쟁과 정치적 혼란에 휩싸여 있었다. 한마디로 동아시아에는 자본주의 세계의 후발 국가인 한국의 발목을 잡을 만한 강력한 경쟁자가 없었다.

1960년 4·19 혁명은 이 같은 지리적 여건 속에서 한국이 수

....

* 한국전쟁이 발발하자 미국은 일본에서 전쟁 관련 물자를 사들였다. 그 덕분에 일본의 경제가 호황을 맞게 된 것을 '조선특수'라고 한다.

출 주도 경제성장에 본격적인 시동을 걸 수 있는 토양을 다져주었다. 제2공화국 정부(1960~1961)는 1961년 2월, 환율 개혁을 실시해 제1공화국(1948~1960) 시절의 무원칙적이고 마구잡이식이었던 외환 문제를 해결해 무역과 수출이 활발히 이루어질 수 있는 기반을 마련했다.[162] 외환 환율이 제멋대로라면 무역이 제대로 이루어질 수 없는데, 제2공화국 정부의 환율 개혁은 이 같은 한국 경제의 근원적 문제를 제대로 해결한 셈이었다.

제2공화국은 1961년 박정희가 주도한 5·16 군사정변으로 무너졌지만, 이것이 4·19 혁명의 정신과 제2공화국의 정책적 의의를 완전히 없애버린 것은 아니었다. 이미 4·19 혁명을 통해 독재 정권을 타도하고 민주화를 이룩한 경험이 있었던 한국에서, 박정희 세력이 노골적인 군사독재 체제의 수립을 강행하기는 어려웠다. 이에 박정희 정부(제3공화국, 1963~1972)는 여론과 반대 세력을 잠재우기 위해 혁명 과업을 달성하면 민정으로 이양移讓한다고 약속하고는 직접선거를 통해 집권해 버린다. 그런 뒤 제1공화국 시절부터 국민적 염원이자 지상 과제였던 경제 재건과 부흥에 적극적으로 뛰어들었다. 그러지 않으면 군사정변의 주체이기도 한 박정희 정부의 정통성과 지속가능성을 담보할 수 없었던 탓이다.

그럼에도 1960년대에는 절대빈곤에서 벗어나긴 어려운 상황이었고, 중앙정부는 빈곤을 타파하기 위해 위로부터의 경제정책을 밀어붙였다. 나아가 노동력을 잘만 이용하면 큰 성장을 이룰 수 있으리라고 생각했다.[163] 전통적으로 교육열이 높았던 데다 제

1공화국 시절부터 교육 분야에 중점적인 투자를 해온 덕분에 인건비가 낮으면서도 질적 수준은 우수한 노동력이 풍부한 터였다.[*]

박정희 정부는 당대 개발도상국이 보편적으로 추구했던, 그리고 그전까지 한국 정부의 경제정책 기조였던 수입대체 공업화 대신, 수출 주도 공업화를 추진했다. 즉 해외 공산품의 수입을 최대한 억제하고 이전까지 수입에 의존했던 공산품을 자국 내에서 생산할 수 있게끔 해당 분야의 제조업을 육성한다는 정책 대신 수출진흥을 통한 공업화라는 새로운 경제 기조를 내걸고 노동집약적 수출산업 육성과 수출 증대에 박차를 가했다.[164] 결과는 대성공이었다. 한국은 1960년대에 무려 26.1배에 달하는 수출실적 확대를 기록하며[165] 세계 최빈국을 벗어나 신흥공업국으로 한 단계 발돋움한다.

하지만 1970년대에 접어들며 지정학적·경제적 질서가 변모하면서 한국 정부는 경제 노선을 변경할 수밖에 없게 된다. 이 시기 전 세계가 불황에 빠지고 베트남전쟁이 장기화하면서, 미국이 1970년 동맹국이 분쟁에 휩싸일 때 과도한 군사적 개입을 제한한다는 닉슨독트린Nixon Doctrine을 발표함에 따라 냉전체제의 수혜를 입던 한

....

[*]   이승만 정부, 박정희 정부 등은 국가 재건과 국가경쟁력 확보를 위해 교육과 인재 육성에 많은 투자를 했고, 아이러니하게도 이는 반공주의, 정부 주도 산업화와 경제개발 등으로 인해 노동자계급의 정치적 성장이 미비했던 한국에서 학생운동의 활성화, 국민의 교육 수준 향상 등을 이끌며 그들의 독재정권 수립 시도를 지연·저지하는 결과로도 이어졌다. 김주삼, 〈한국 민주화운동과정에서 대학생의 역할: 4·19혁명을 중심으로〉, 《한국과 세계》, 4(6), pp. 78-89, 2022; 오제연, 〈5·16쿠데타 이후 대학 학생운동과 정부의 대응: 농촌운동과 한미행정협정체결촉구시위를 중심으로〉, 《역사교육》, 148, pp. 204-210, 2018.

국은 위기를 맞이했다. 게다가 1960년대 말부터는 노동집약적 수출진흥책의 효과도 점차 감소하기 시작했다. 이에 따라 박정희 정부는 정부 주도의 중화학공업 육성 계획을 마련하고, 이러한 산업정책에 참여하는 기업에는 시장원리에 어긋나는 막대한 특혜까지 제공했다. 그 결과 1970년대 한국 경제는 중화학공업 중심으로 빠르게 재편되었다.[166]

산업구조 전환과 혁신에 성공한 한국은 1980~1990년대를 거치면서 자동차, 전자제품, 선박 등과 같은 기술집약적 고부가가치 상품을 수출하는 나라로 발돋움한다. 나아가 2000년대 중후반 이후에는 적어도 외적으로는 선진국 반열에 들어선다. 전쟁으로 초토화된 세계 최빈국이 고작 50~60년 만에 선진국 수준까지 도약했으니, 말 그대로 '한강의 기적' 그 자체였다.

한편 1960년대 초반부터 1980년대 후반까지 군사정부가 주도했던 초고속 압축 경제성장에는 만만치 않은 부작용도 뒤따랐다. 민주주의의 후퇴야 말할 것도 없고, 경제적·사회적 불평등이 대거 양산되었다. 군사정부의 경제정책은 표면상으로는 민간기업이 주도한 것처럼 보였지만, 건전한 시장원리나 경제활동의 자유와는 거리가 멀었다. 그 결과 정경유착과 부정부패가 한국 사회에 깊이 뿌리내린다. 정경유착의 온상이 된 기업들은 혈연집단이 기업의 소유권과 경영권을 독점하고 이를 세습하는 동시에 시장에서 자유경쟁보다 관치적 행태를 보이며 자원을 확보하고 자본을 축적하며 사세를 확장하는 '재벌'로 성장해 경제를 지배해 나갔다.[167]

군사정부가 재벌과 연합해 전 국민을 강제 동원하듯이 실시한 경제성장 정책은 저임금 노동자에 대한 착취와 차별이라는 또 다른 문제를 낳았다. 1970년 근로기준법 준수를 외치며 분신한 전태일 열사의 사례에서 알 수 있듯이, 군사정부는 산업 활동과 경제성장의 주역이었던 노동자의 권리를 보호할 장치를 마련하는 데도, 그들이 피땀 흘려 노동한 대가를 정당하게 가져갈 수 있게끔 보장해 주는 데도 인색했고 소극적이었다.

토건주의,
부동산 불패 신화의 뿌리

한국전쟁으로 국토가 초토화된 한국이 수출 중심의 경제성장 정책에 드라이브를 거는 과정에서, 대규모 토목공사는 필연적으로 뒤따를 수밖에 없었다. 산업 활동과 무역을 진흥하려면 그에 필요한 인프라와 산업시설이 반드시 갖추어져야 했기 때문이다. 1968년에 착공해 1970년에 개통한 경부고속도로는 그 상징과도 같았다.

1970년대에 접어들면서 산업구조는 중화학공업 중심으로 빠른 속도로 재편되었고 경제 규모도 커졌을 뿐만 아니라 도시화율도 눈에 띄게 증가했다. 토목건축사업, 즉 토건사업은 더한층 활발해졌으며 규모도 커졌다. 포항제철, 현대중공업, 구미국가산업단지 같은 대규모 중화학공업 시설을 비롯, 대단위 아파트단지가 이

그림 38 **경부고속도로 개통(1970)**

서울과 부산을 잇는 총길이 428킬로미터의 고속도로로, 제2차 경제개발 5개년계획에 따라 1968년 2월에 착공, 1970년 7월에 완공되었다. 경부고속도로 건설로 서울과 부산이 일일생활권에 들게 되었다.

때 본격적으로 건설되기 시작했다. 이러한 토건사업은 한국 경제 성장과 발전에 유의미한 영향을 끼쳤을 뿐만 아니라 그 자체가 고용 창출을 불러온 경제활동이었다.

박정희 정부의 토목사업은 기존의 다른 산업들처럼 정부 주도의 경제정책, 국토개발정책에 따른 것이었다. 그 결과 정부와 관료 집단은 민간기업과 자본을 조종할 수 있는 강력한 힘을 자연스럽게 얻었고, 이들과 유착하며 토건사업을 따낸 기업체들은 대기업, 재벌로 성장할 수 있었다. 그러면서 '토건주의 성장연합'이라 불리는, 정부와 관료 집단이 민간자본으로 국토개발정책과 토건 정책을 주도하고 민간기업들은 정부 시책에 따른 토건사업을 수주하면서 이윤을 극대화하고 사세社勢를 키우는 체제가 한국 경제

와 사회에 단단히 뿌리내리기 시작했다.[168]

서구 자본주의가 상업, 특히 해상무역의 발달과 이에 따른 시민계급의 성장과 그 맥을 같이했다면, 한국 자본주의는 정부 주도의 초고속 압축성장이라는 배경 속에서 토지가 자본을 창출·재창출하며 자본주의경제 흐름을 지배하는 토건주의적 자본주의로 형성 및 발전해 나갔다.

수출과 제조업 중심의 경제정책이 군사정부의 주도 아래 강행되는 가운데, 산업화와 함께 도시화가 이루어졌다. 이러한 물결을 타면서 이촌향도가 벌어졌고 농어촌은 자연스레 낙후되었다. 1960년대 후반에서 1970년대 초반에 이르러 서울을 비롯한 주요 대도시는 이미 과밀화 상태에 이르렀고, 도시 곳곳에는 농어촌에서 이주한 사람들이 이룬 무허가 판자촌과 빈민가가 무질서하게 들어섰다.

이에 정부는 1970년대에 새마을운동을 전개하며 대대적인 농어촌 환경 개선과 현대화를 시도했다. 하지만 이는 농어촌을 도시와 수출·제조업 중심 경제를 지탱할 배후지로 간주할 뿐, 농어촌에 무장 공비를 침투해 한국을 내부에서 와해하려는 북한의 군사적 시도를 저지한다는 정치적 목적이 짙었다. 그래서 새마을운동이 한창이던 1970년대에 도시 노동자와 농민의 소득 간 격차는 오히려 최대 수준으로 벌어졌고,[169] 1960년대부터 본격화하기 시작한 이촌향도, 도농 격차都農隔差, 수도권 과밀하는 시간이 흐를수록 심해졌다.

이러한 현상은 토건주의 성장연합과 긴밀하게 연결되며 한국의 국토개발과 자본주의경제를 왜곡 및 변형해 왔다. 1970년대 서울의 강남 개발은 그 효시이자 대표적 사례다. 서울의 도시 공간은 1960년대 후반에서 1970년대 초반에 이미 포화 상태였다. 하지만 강남은 북한의 위협으로부터 비교적 안전하면서도 대규모 택지와 신도심을 조성할 수 있는 지형적 조건을 잘 갖추고 있었다. 이러한 배경에서 박정희 정부는 1970년대 초중반 대대적인 강남 개발에 착수했다.

문제는 이에 수반될 지가地價 폭등과 같은 문제에 대한 대안이 부재했다는 점이다. 왜냐하면 강남 개발은 정부 각료와 고위 관료, 정치집단 등이 정치자금을 확보하기 위해 실시한 토건사업이었기 때문이다.[170] 강남 개발 붐으로 토건업체는 물론 강남에 땅을 갖고 있던 사람들까지도 천문학적 부동산 시세차익 덕분에 하루아침에 막대한 경제적 이윤을 얻는다. 강남 불패 신화는 한국인들 사이에 토건사업과 부동산 시세차익이야말로 절대적 사업 수단, 돈벌이 수단이라는 확신을 각인시켰다. 또 이미 영향력이 커질 만큼 커져 있던 토건주의가 한국 사회와 경제를 완전히 지배하는 종교로 자리매김하게끔 만들어 놓았다.[171]

1980년대 이후 도시화율의 증대와 수도권 규모 확대에 따라 대규모 주택 건설사업이 계속해서 진행되었고, 일산·분당을 필두로 한 신도시 건설이 시작된 1990년대에 한국의 토건주의 영향력과 토건주의 성장연합의 세력은 더한층 커졌다.[172]

도농 격차와 수도권 과밀하라는 한국 자본주의경제의 지리적 특성은 토건주의와 긴밀하게 연결되면서 서로서로 살찌우는 상리적 공생 관계를 이어왔다. 토건주의는 지금도 한국 경제와 사회를 지배하고 있다. 그런 의미에서 한국은 토건국가이고, 한국 자본주의는 토건자본주의라고 규정해도 틀린 말이 아닐 것이다.[173]

1997년에 발생한 IMF도 토건주의적 자본주의와 연결고리를 가진다. 1974년 건설업체를 세운 뒤 토건 붐을 타고 창업 10년도 되지 않아 대기업으로 성장한 한보그룹은 1991년 노태우 정부와의 정경유착을 일삼았다. 그 덕분에 원래는 무주택자 대상 주택단지로 계획되었던 서울 강남구 수서동 일대의 택지를 부당하게 분양받는 특혜를 입는다. 흔히 수서 비리라고도 불리는, 수서지구 택지 특혜 분양 사건이었다. 정태수 회장 등 한보그룹 수뇌부는 전 국민의 손가락질을 받으며 형사처벌을 받았지만 얼마 지나지 않아 특별사면으로 풀려났다.

이후 한보그룹은 제2의 수서 비리 사태를 피하고자 철강산업에 대대적으로 투자하는 등 사업 다각화를 꾀하며 무리한 문어발식 기업 확장을 벌였다. 그리고 그 과정에서 수서 비리로 온 나라를 떠들썩하게 만든 뒤에도 사라질 줄 몰랐던 정경유착과 토건주의가 다시 고개를 들기 시작했다. 문제는 1997년 태국에서 시작된 아시아 금융위기와 맞물리며 한보그룹을 필두로 한 여러 기업체의 도산을 불러와 국가부도 사태를 초래했다는 점이다.

IMF를 국민의 사치와 방종 탓으로 여기는 사람들, 그리고 그렇게 서술하거나 기록하는 매체들이 여전히 있는 듯하다. 하지만 실제로는 정부 주도의 경제성장 과정에서 따라온 정경유착 문제, 그리고 국토를 생산과 가치 창출의 주된 수단으로 삼았던 토건주의 성장연합의 부작용에 따른 것이라고 봄이 타당하다.

한국형 신자유주의는 과연 장밋빛 미래일까?

IMF가 일어난 지 1년 뒤 집권한 김대중 정부는 대대적인 구조조정, 민영화, 노동의 유연화, 주식 및 금융거래의 자유 확대 등을 골자로 하는 신자유주의 개혁을 단행한다. 이는 실업의 확대, 비정규직 일자리 양산 등의 부작용을 초래했지만, 어찌 되었든 이러한 정책들에 힘입어 2001년 대한민국은 IMF를 극복한다.

이때의 주식·금융 개혁 덕분에 국내 기업과 해외 기업 간 인수가 자유로워지면서, 한국 경제는 세계 금융경제에 더한층 긴밀하게 포섭되었다. LG, 삼성, 현대 같은 국내 대기업들은 국경을 넘나드는 주식거래를 할 수 있게 되면서 초국적기업으로 거듭난다.[174] 1990년대까지만 하더라도 '국산품이 다 그렇지'라는 자조 섞인 조롱의 대상이었던 공산품은 2000년대 중후반 이후 미국산·일본산보다 더 비싼 값에 팔리기 시작했다.

김대중 정부의 뒤를 이어 스스로를 좌파 신자유주의 정부라 규정한 노무현 정부는 물론, 그 뒤를 이은 보수 성향의 이명박 정부(2008~2013)와 박근혜 정부(2013~2017)도 규제완화, 대규모 감세정책 등과 같은 신자유주의적 공약과 정책을 이어갔다. 특히 이명박 정부는 4대강 정비사업 같은 대대적인 토건사업을 추진하며 토건주의와 신자유주의가 결합한 지극히 '한국적 신자유주의' 정책을 이행했다.[175]

한국은 한강의 기적을 불러온 수출 중심 경제구조와 이에 따라 파생된 토건주의, 그리고 신자유주의 물결에 부합하는 정책으로 선진국 반열에까지 올랐다. 그렇다면 앞으로도 계속해서 경제성장을 이어가며 풍요를 누릴 수 있을까?

그러한 장밋빛 미래는 현실성이 높지 않아 보인다. 비정규직 인력의 증가로 인한 고용불안정 문제는 더욱 심화되고 있다. 수도권 집중 현상 역시 시간이 갈수록 심해지면서 서울과 수도권의 집값은 고소득층에게도 버거울 만큼 폭등하고 있지만, 그 외 농어촌은 물론 심지어 대도시나 광역시 일부 지역조차도 지방 소멸 위기에 직면해 있다. 이 같은 사회적 문제로 한국은 전쟁을 치르고 있는 나라보다도 낮은 0.7 수준의 극저출생률에 보이며 국가 존속 자체가 위협에 시달리고 있다.

이러한 문제를 해결하기 위한 근원적인 수술은 2000년대 중반 노무현 정부 시절에 이미 진지하게 시도된 바 있다. 신행정수도 건설을 통한 수도권 과밀 해소가 그 대표적 사례였다. 하지만 2004년 1월 공포된 신행정 수도법은 같은 해 10월 헌법재판소에

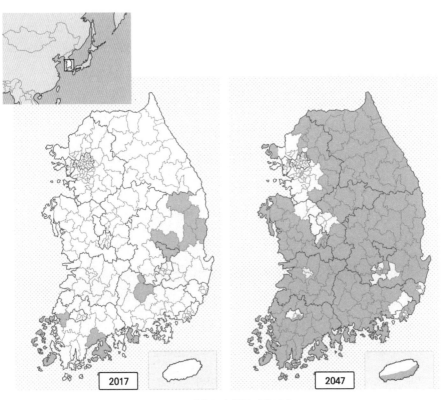

그림 39 **지방 소멸 위험 지역 전망**

한국은행 보고서에 따르면 2022년 기준으로 전체 인구의 절반 이상이 수도권에 집중되어 있다. 정부 발표에 의하면, 2047년에는 229개 시군구가 인구학적으로 쇠퇴 위험 단계에 진입하고, 2067년에는 전국 94.3퍼센트에 해당하는 216개 시군구가 소멸 고위험 단계에 진입한다고 한다. 이에 지방 소멸에 대한 우려로 전 국토에 대한 균형 발전이 대안으로 떠오르고 있지만, 토건주의가 팽배한 한국 사회에서 이 대안이 유효하게 적용될지는 미지수다.

서 위헌 결정을 받아 폐기되었고, 그 결과는 행정중심복합도시, 즉 세종특별자치시 건설에 만족해야 했다. 게다가 노무현 정부 시기에도 서울의 노후 주거지이자 빈민가였던 성북구 길음동, 관악구 난곡동 일대를 대규모 재개발하는 등 신자유주의와 토건주의가 결합한 형태의 민간 주도 토건사업이 이어졌다.

노무현 정부 때 서울시장을 지내며 지방자치, 민간기업과의 연계 등을 통한 한층 '자율적'이며 '분권적'인 거버넌스governance 형태의 토건주의적 도시개발을 주도했던 이명박은 대통령 후보 시절 한반도 대운하 건설을 비롯한 노골적인 토건주의 공약을 내세웠다. 땅값 상승과 지역개발 효과를 노린 수많은 국민의 지지를 등에 업고 정권을 잡은 그는 토건사업에 대한 규제를 대폭 완화함과 동시에 주택공급을 확대하는 등 시장과 토건주의 성장연합에 친화적인 정책을 이어갔다. 그 결과 박정희 정부의 주도로 형성·발전된 토건주의적 자본주의는 2000년대 이후 민간 주도의 신자유주의로 그 모습을 탈바꿈했다.[176]

토건주의에 바탕을 둔 한국형 신자유주의의 부작용과 문제점에 지친 국민은 2016년 촛불혁명으로 박근혜 정부를 무너뜨렸다. 하지만 이를 계기로 출범한 문재인 정부(2017~2022)는 이러한 문제점에 대한 실효성 있는 대안을 내놓지 못했다. 오히려 저금리와 무너지다시피 한 주택담보대출 장벽을 악용한 부동산 투기세력에 휘둘려 전국 집값을 역대 최대 수준으로 끌어올렸다.[177] 또한 역대 정부 가운데 지지율이 사상 최고 수준이었던 집권 초기에 반드시 시행했어야 할 주택시장 안정의 필수 선결 조건인 보유세 강화 정책의 과감한 수립과 집행을 끝끝내 방기했다. 게다가 부동산 시장에 대한 충분한 분석과 검토 없이 수립한 규제정책을 무계획적으로 남발했다. 그 결과 정부 정책에 대한 국민의 불신을 불러오며 부동산정책에 실패하고 토건주의 성장연합의 배만 불리는 상황을 초래했다.[178]

그 뒤를 이어 2022년 5월 집권한 윤석열 정부에서도 건축법상 용적률(대지면적에 대한 건축물 연면적의 비율) 규제를 완화하고 부유층에 감세 혜택을 제공하는 한편 전세사기특별법에 거부권까지 행사하는 등 토건주의 성장연합에 지극히 친화적인 행보가 이어졌다.[179][180]

한국이 국제사회로부터 선진국으로 인식되기 시작한 2000년대 후반은 신자유주의의 한계가 불거진 2008년 세계 경제위기가 일어난 시기이기도 하다. 이미 뿌리가 깊었던 토건주의와 한국형 신자유주의의 모순 역시 이 무렵부터 수면 위로 떠오른 뒤 해가 갈수록 떨어지는 출생률처럼 한국 경제와 사회의 지속가능성을 잠식하고 있다. 결혼과 출산이 곧 행복의 지름길이라는 식의 캠페인만으로 저출생 문제에 실효성 있게 대처하기를 기대하기란 사실상 불가능하듯이, 오늘날 한국 경제와 사회는 토건주의, 그리고 한국형 신자유주의라는 뿌리 깊은 부조리를 어떻게 하면 확실하게 대처할 수 있을 것인지에 대한 결단과 실천을 내려야 할 갈림길에 서 있다.

신자유주의는 왜
불황과 호황을 반복하는가

2000년대 초중반까지 신자유주의는 세계경제의 지향점으로 여겨졌다.[181] 구조조정과 민영화는 미래 경제를 위한 혁신으로 여겨졌고, 정부지출의 확대와 국영기업 구조조정에 소극적이거나 미온적인 태도 등은 시대에 역행하는 죄악으로 여겨지다시피 했다.

오늘날 신자유주의는 적어도 외적으로는 성장을 이어가고 있다. 코로나19가 여전히 맹위를 떨쳐 불안이 남아 있던 2021년에도 세계경제는 성장세로 반등했다.[182] 불과 한 세대 전만 하더라도 먼 미래의 이야기, 꿈 같은 이야기였던 세계화의 현실화를 이룩한 신자유주의는, 코로나19에 빼앗긴 일상을 인류가 범유행 2~3년 뒤 회복했듯이 이런저런 위기와 부작용을 극복하고 영원히 지속할 수 있을까?

신용과 금융,
모순의 도미노현상

신용과 금융의 모순이 빚어낸 2008년 미국발 세계 금융위기는 신자유주의 위상에 치명타를 안겼다. 1990~2000년대 초중반 미국에서는 호황으로 부동산 경기가 활성화하면서, 은행과 금융업체들이 부동산담보 대출상품인 모기지론mortgage loan을 앞다투어 판매했다. 모기지론의 인기와 실적이 이어지자, 금융업체들은 신용등급이 낮은 저소득층도 비교적 높은 금리로 주택담보대출을 받을 수 있는 서브프라임모기지론sub prime mortgage loan을 내놓으며 더 큰 이윤을 축적해 갔다.

하지만 2006년을 기점으로 부동산 경기가 침체 국면에 들어서면서 모기지론의 판매량과 수익이 급감했다. 모기지론은 대출상품이므로 호황기에 과다하게 판매되었다가 경기가 나빠지면 상품의 대출 원금과 이자를 회수하지 못하는 문제가 생길 소지가 있었다. 특히 저소득층이 다수였던 서브프라임모기지론 가입자들이 원금과 이자를 갚지 못하는 사례가 대폭 증가했고, 미국의 금융업체들은 자금난이 가중되면서 위기에 빠졌다.

2008년 9월 15일, 초국적 금융기업 리먼 브러더스 홀딩스Lehman Brother Holdings Inc.가 서브프라임모기지 위기에 따른 부채 문제를 감당하지 못해 파산신청을 하면서, 2008 세계 금융위기가 시작되었다. 씨티그룹, AIG, GMGeneral Motors, 크라이슬러 등 세계 유수의 초국적기업들이 미국 정부의 공적자금으로 간신히 파산 위기를 넘겼고, 수많은 기업체가 도산하면서 미국에서만 수십만 명이 넘는 실업자가 발생했다. 이에 수많은 전문가가 시장원리와 민영화와 세계화, 그리고 통화·금융의 힘에 토대를 둔 신자유주의의 효용은 이로써 끝이 났고 말기 상태에 접어들었다고 진단했다.[183]

이러한 경제위기는 미국을 넘어 전 세계 경제를 마비시켰다. 유로존, 즉 유로화를 공유하는 EU 국가들의 피해가 특히 컸다. 그 시작은 그리스였다. 경제 규모가 작고 산업구조도 상대적으로 낙후된 그리스는 유로존에 포섭됨으로써 오히려 경제와 산업 경쟁력을 잃으며 부채 규모를 키웠고, 미국발 금융위기까지 더해지면서 2010년 EU와 IMF로부터 구제금융을 받는 처지로 전락했다. 그리스 경제위기가 도미노현상을 일으키며 경제 사정이 좋지 않았던 에스파냐·포르투갈·이탈리아도 경제위기가 터졌고, 결국 유로존 전체가 극심한 침체에 빠졌다.

1970년대의 극심한 스태그플레이션과 영국병을 수습하고 세계화를 실현했던 신자유주의는 그렇게 20년도 넘게 누렸던 호시절의 끝자락에 이르렀다. 자본주의의 꽃인 금융, 신자유주의의 대표 산물인 세계화, 경제의 지리적 통합 등이 지닌 부작용들이 불거지며 결국 또 다른 경제위기를 낳은 것이다.

낙수효과?
사다리 걷어차기!

복지예산 축소, 민영화 확대, 감세, 노동의 유연화 등을 정당화하는 신자유주의 논리인 낙수효과 역시 현실 속에서는 제대로 작동하지 않고 있다. 심하게 말해서 낙수효과는 신자유주의자들의 탁상공론에 그치는 수준이다.[184]

세계경제는 양적성장을 이어가고 있지만, 비정규직·실업·빈부격차 문제는 세계 각국을 막론하고 줄어들지 않고 있다. 교육부문에서까지 기업 논리와 효율성을 강조하면서 교육비는 전 세계적으로 급증했고, 대학을 졸업한 뒤에도 안정된 직장을 구하지 못한 채 학자금 대출에 허덕이며 빈곤의 악순환을 벗어나지 못하는 청년들이 증가하고 있다. 어찌 보면 벨에포크 시대의 모순이 되풀이되는 모양새다. 따지고 보면 자본주의는 인간의 합리적 이기심에 전제한 경제사상이자 체제인데, 자본의 축적이 흘러넘치는 물처럼 소수자나 약자, 비정규직 등에도 자연스레 혜택을 주리라는 전제 자체가 다분히 자본주의적이지 못한 사고방식이 아닌가 싶다.

신자유주의에 따른 세계화, 신국제분업, 글로벌 가치사슬, 노동의 국제 이동 역시 세계경제의 지리적 불평등과 양극화를 더욱 심화시킨다. 신국제분업 체제와 글로벌 가치사슬은 얼핏 보면 개발도상국 경제에 도움을 주는 듯하나, 실제로는 개발도상국의 자

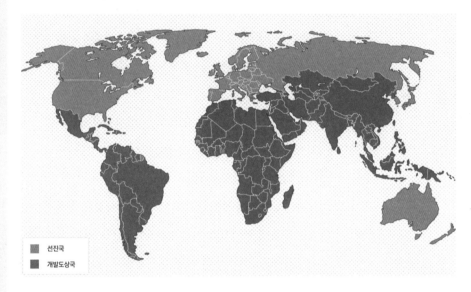

선진국

개발도상국

그림 40 **오늘날 남북격차**

2022년 UN 무역 개발 회의United Nations Conference on Trade and Development에서 발표한 자료에 따르면 대부분의 북반구 국가는 선진국으로, 대부분의 남반구 신흥공업국들은 개발도상국으로 분류된다. 중국이 여전히 개발도상국으로 분류되는 한편으로 러시아·우크라이나·벨라루스 등이 선진국으로 표기되는 등 신뢰성이 다소 의문스러운 측면도 보이지만, 이 자료는 신자유주의 세계화가 세계경제의 글로벌 스케일에서의 불평등을 심화했음을 뒷받침해 준다.

본과 기술 축적을 저해하고 노동력을 착취함으로써 선진국과 개발도상국의 격차를 유지·확대하는 문제점을 낳고 있다. 남반구의 옛 식민지 국가들은 개발도상국에서 벗어나지 못하고 식민제국이었던 북반구의 미국과 유럽 열강들은 선진국의 위상을 고수하는 남북격차 문제는 시간이 갈수록 더한층 심해지고 있다.

개발도상국 출신 이주노동자들이 선진국에서 다양한 차별에 노출되며 빈민가나 슬럼가로 내몰리는 일들은 우리 주변에서도 어렵지 않게 관찰할 수 있다. 그리고 이런 문제가 누적되면서 이주자에 의한 일탈 행위나 범죄행위가 일어나고 그로 인해 선진국에서 반反이민 정서나 제노포비아, 다시 말해 외국인 혐오가 확산되는 또 다른 문제가 발생하고 있다.

신자유주의가 초래한 이와 같은 다중스케일적 불평등은 마찬가지로 다양한 스케일의 지리적 공간에서 다양한 문제점과 극단적 결과를 낳고 있다. 신자유주의경제에서 도태된 이들이 경쟁, 출세, 체면, 가족주의 등을 유독 중시하고 사회복지제도가 비교적 취약한 동아시아 특유의 사회문화적 맥락 속에서 사회와 단절한 채 자기만의 공간 속에서 사는 히키코모리는 그 대표적 사례다.[185]

탈레반, 이라크-레반트 이슬람 국가Islamic State of Iraq and the Levant, ISIL 같은 극단주의 테러단체 역시 신자유주의 세계화가 초래한 글로벌 스케일의 불평등과 관계 깊다. 신자유주의의 세계화로 인한 불평등과 빈곤은 그곳의 문화역사지리적 맥락 그리고 종교적 광신과 어우러지며, 이들이 서구 자본주의 세력에 맞서는 해방군이라도 되는 양 정치적 명분까지 부여해 주기 때문이다. 아프리카나 중앙아시아의 일대일로 참여국들이 겉으로는 경제발전을 이어가는 듯 보이면서도 그로 인한 부채 부담에 시달리며 경제의 지속가능성을 침해당하는 문제 역시 이 같은 신자유주의의 지리적·다중스케일적 부작용이라고 볼 수 있다.

　선진국도 예외는 아니다. 2016년 미국 대선에서 극단적 언사와 공약 등으로 큰 논란을 빚은 도널드 트럼프Donald Trump[186]가 승리한 일이 대표적 사례다. 트럼프는 미국·멕시코 국경에 대규모 장벽을 설치해 멕시코인의 이주를 막는 등 노골적 반이민 정책을 이어갔다. 그는 2024년 미국 대선에서 또다시 승리해 2025년 미국 제47대 대통령으로 취임할 예정이다. 그리고 유럽 각국에서는 반이민 정서를 내세운 극우·극단주의 정당이 득세하고 있다. 노동의 이주라는 글로벌 스케일의 요인이 선진국 스케일에서 일어나고 있는 불평등·취업난·고용불안정·외국인 범죄·제노포비아 같은 다중스케일적 부조리와 맞물리면서, 결과적으로 불평등을 확대하고 민주주의 발전에 역행할 극단주의 정치세력이 선진국에서 활개 치게 만드는 악순환을 야기하고 있다.

　한국은 신자유주의가 초래한 청년실업·비정규직 증가·불평등 등의 문제가 소수자를 혐오하고 민주주의가치를 폄하하는 극단주의 성향을 띤 온라인 커뮤니티의 정치적·사회적 영향력을 키우며 또 다른 문제를 일으키고 있다.[187] 2022년 대선에서는 젠더 갈등을 조장하며 이를 악용하는 사례까지 나왔다.[188] 현실 세계의 신자유주의적인 사회적·공간적 차별이 온라인 공간에서 극단주의적인 사고방식의 정치세력화를 조장하고, 이것이 현실 공간에서의 정치로까지 이어지는 악순환인 셈이다.

이미 지속가능성 측면에서 심각한 문제를 내포하고 있는 것이 확인된 신자유주의 세계화가 계속 이어진다면, 자본주의와 신자유주의경제 체제에서 상대적으로 변두리를 점해왔던 중앙아시아·아프리카·라틴아메리카 지역에서도 상기한 현상과 문제가 반복될 가능성이 크다. 일대일로에 적극 참여한 중앙아시아와 아프리카 국가들이 부채 함정이라는 복병을 만나 고전하는 것처럼 말이다. 제국주의 국가의 침략과 식민 지배, 기후위기와 환경파괴 등으로 인해 이미 많은 상처와 피해를 입은 이들 지역에 신자유주의가 무분별하게 확대된다면, 그 피해는 이들 지역에만 국한하지 않고 전 세계의 지속가능성 자체를 더한층 침식하는 악순환으로 이어질 가능성도 무시하기 어렵다.

파시즘보다 더 위험한
양극화와 환경문제

고전자본주의와 수정자본주의를 각각 위기에 빠트린 1930년대의 대공황과 1970년대의 스태그플레이션은 따지고 보면 어디까지나 경제위기였다. 물론 후자의 기폭제가 된 제1차 석유파동은 다분히 정치적 성격이 강한 사건이었지만, 이 역시 결국에는 경제문제로 귀결된 것이라 봄이 타당하다.

신자유주의의 모순과 문제는 경제위기에만 그치지 않는다는 점에서 앞선 사건들과 차별된다. 20세기 중반부터 그 문제점과 위험성을 드러내던 환경문제가 신자유주의 시대에 자본주의 세계경제를 넘어 인류 문명의 존속과 지속가능성 자체를 심각하게 위협하는, 그러면서도 신자유주의경제 체제와 밀접하게 관계되는 대위기로 떠오르고 있기 때문이다.[189]

물론 인류가 이 문제를 그저 '강 건너 불 보듯' 구경만 한 것은 아니다. 유럽의 비영리단체 로마클럽Club of Rome은 1972년 자본주의 경제 성장의 기조가 바뀌지 않으면 자원 고갈과 환경파괴로 인류 사회와 경제의 성장이 한계에 봉착한다는 내용을 담은 보고서 〈성장의 한계〉를 발표하며 경각심을 불러일으켰다. 1970년대 미국 정부는 기업체에 대한 대대적인 규제를 통해 공해와 환경파괴를 줄이려는 시도를 이어가기도 했다. 1987년에는 국제연합United Nations, UN 산하 세계환경개발위원회에서 지속가능한 발전sustainable development, 즉 환경보호를 전제하는 경제발전이 인류가 추구해야 할 발전의 방향이라고 선언했다. 또한 1997년 교토의정서와 2015년 파리협정에서는 기후위기 대처를 위한 구체적이면서 강제성을 띤 온실가스 배출 억제 방안이 제시되었다. 오늘날에는 환경문제가 인류 문명과 사회를 위협하는 인류 최대의 위기라는 인식이 전세계로 확산하면서, 기업체들도 친환경과 환경보전을 상품 개발 및 마케팅의 주안점으로 삼고 기업의 사회와 환경에 대한 책임을 강조하는 ESG environmental, social, governance 경영에 매진하고 있다.

그럼에도 기후위기와 환경문제는 나아질 기미가 보이기는커녕 갈수록 악화일로다. 전 세계 인구가 계속해서 증가하는 것도 문제이고, 신자유주의 체제에서 생산활동과 온실가스·오염물질 배출의 획기적 감소가 현실적으로 어려운 부분도 있다. 예컨대 2023년 11월 30일부터 12월 13일까지 아랍에미리트 두바이에서 열린 제28차 UN 기후변화협약 당사국총회에서는 산유국들의 반대 때문에 화석연료 퇴출에 대한 합의가 결국 이루어지지 못했다.[190]

친환경 경영 자체에도 한계는 뚜렷하다. 예를 들어 요즈음 캡슐커피 회사들은 다 쓴 캡슐커피를 수거해 재활용하는 서비스를 시행한다. 당연히 환영할 일이지만 이 서비스만으로 모든 폐캡슐을 회수할 수도 없고, 그 과정에서도 에너지소비는 이루어진다. 즉, 커피 캡슐 재활용은 환경파괴를 어느 정도 막을 수는 있겠지만, 완전히 예방하거나 해결하지는 못한다.[191] 이는 폐기물 재활용이 공통으로 갖는 문제점이다.

환경파괴와 기후위기는 신자유주의 세계화의 지리적 불평등과 맞물리며 자본주의 세계의 안정과 안보를 위협하는 극단주의를 더한층 조장하고 있다. 태양에너지의 영향을 많이 받아 대기와 해수의 순환이 활발한, 그런 한편으로 저소득국가가 많이 위치한 저위도 지역에서 환경문제로 인한 피해가 특히 심각하게 일어나고 있기 때문이다. 선진국이 아프리카 등지 저소득국가에 유독

성 폐기물을 헐값에 투기함으로써, 가뜩이나 환경문제에 취약한 이들 지역의 경제·사회 지속가능성을 더한층 퇴보하게 만들고 있다. 미국과 중국이 전 세계 온실가스와 오염물질의 대부분을 배출하는데 그 피해는 개발도상국이 고스란히 입고 있으니, 기후위기와 환경문제 역시 지리적·다중스케일적 불평등과 깊이 연결되는 셈이다. 이러한 현실 속에서 ISIL이나 탈레반 같은 테러단체들은 사막화의 확대로 인해 날로 줄어 가는 수자원을 장악해 세계경제와 안보를 위협해 오고 있다.[192] 환경문제가 의미 있게 해결되지 못한 채 계속되거나 악화한다면, 자본주의는 파시즘과 공산주의와도 차원이 다른 반작용을 불러일으키며 사상 최대 위기에 처할 수도 있다.

세계경제에 미래는 있을까?

신자유주의에 저항하고 대안을 모색하는 움직임은 수십 년 전부터 있어 왔다. 1994년부터 멕시코 치아파스Chiapas주 일대를 거점으로 세력을 이어온 반자본주의·반세계화 무장단체인 사파티스타 민족해방군Ejército Zapatista de Liberación Nacional이 그 선구적 사례라 볼 수 있다. 멕시코의 전설적 혁명가 에밀리아노 사파타Emiliano Zapata의 이름을 딴 이 아나키즘 단체는 극빈 지역인 농촌 치아파스주를 비교적 안정적으로 운영해 나갔고, 이를 언론과 인터넷으로 홍보하며 전 세계의 이목을 끌었다.

1999년 베네수엘라 대통령으로 취임한 우고 차베스Hugo Chávez는 반미·반자본주의 노선을 천명하며 공동체 중심의 복지정책을 추진했고, 2000년대에는 가시적 성과를 내며 전 세계 진보성향 지식인들과 시민단체들로부터 신자유주의에 대한 실효성 있는 대안으로 큰 주목을 받았다. 볼리비아 원주민 출신 노동운동가 에보 모랄레스Evo Morales도 2006년 대통령으로 취임한 뒤 이전 정부 시절 불거진 사회계급 간 갈등을 완화했을 뿐 아니라 유연한 외교로 빈곤퇴치와 경제개발에 필요한 자본을 축적하고 인프라까지 마련

하는 성과를 거두며 연임에 성공했다.[193]

하지만 메소아메리카와 남아메리카를 중심지로 하는 이러한 반자본주의·반세계화 운동은 신자유주의를 근본적으로 대체할 대안이 되기에는 한계가 있다. 멕시코 정부와의 타협으로 자치권을 인정받은 사파티스타의 지배력은 치아파스주 일대를 벗어나지 못하고 있으며, 사파티스타 관광인 사파투리스모Zapaturismo가 비폭력·반자본주의 혁명의 실천과 소통 방안으로 주목받았지만 어디까지나 자본주의 관광일 뿐이라는 한계도 지닌다.[194]

차베스 정부 역시 재원을 확보하기 위해 그렇지 않아도 높았던 석유산업 의존도를 더한층 키웠고, 결국 정권은 2013년 차베스의 사망과 세계 유가 하락으로 파탄 났다. 착실하게 경제성장을 이루어가던 모랄레스 정부 역시, 자본주의 요소를 적지 않게 받아들인 데다 4선까지 노리면서 국민의 반발과 저항을 불러일으켰고 2019년 모랄레스가 부정선거 스캔들로 실각하면서 좌초하고 말았다.

2008년에 수립된 미국 버락 오바마Barack Obama 정부도 탈脫신자유주의 성향이었다. 세계 금융위기를 어느 정도 진정시키는 데 성공한 오바마 정부는 부유층에 대한 과세를 확대하고 미국 사회의 만성적 문제였던 의료보험제도를 개혁하는 등 진보적 경제 운영을 이어갔다. 특히 '오바마 케어Obama Care'라는 별칭으로 널리 알려진 〈환자 보호 및 건강보험료 적정 부담법〉은 공공 의료보험제도의 미비로 인해 중산층조차 막대한 치료비 부담으로 치료를 제때 받지 못하는 경우가 허다했던 미국 사회에서 큰 주목을 받았다. 오바마 케어는 보수 정치세력이나 고용주 등의 반발에 직면하기도 했지만, 결과적으로 의료복지 개선에 크게 이바지했다.

2016년 한국에서 일어난 촛불혁명 역시 박근혜 정부의 국정 농단에 대한 심판을 넘어 IMF 이후 사회 지배 이념으로 자리 잡은 신자유주의 체제의 문제점과 부작용에 대한 개혁을 바라는 움직임이기도 했다. 이에 박근혜 정부의 뒤를 이어 2017년 출범한 문재인 정부는 집권 초기 탈신자유주의 노선을 천명하며 소득주도성장, 건강보험 보장성 강화 대책(문재인 케어) 등과 같은 정책에 시동을 걸었다.[195]

하지만 선진국에서 일어난 탈신자유주의적 흐름 역시 신자유주의의 모순과 부작용을 근본적으로 해결하고 새로운 자본주의 체제를 마련하지 못했다. 연임에 성공하며 대체로 국정을 잘 운영했다는 평가를 받은 오바마 정부였지만, 실업문제나 석탄·철강산업 등의 쇠퇴에 따른 계층·지역 간 양극화 문제 등을 온전히 해결하지 못한 채 결국 2017년 트럼프에게 정권을 내주었다. 민주당 출신의 문재인 정부 역시 토건주의와 부동산투기를 결과적으로 방조하다시피 해 2022년 대선에서 민주당이 패하고 말았다.

신자유주의에 획기적인 변화가 이루어지지 않는다면, 자본주의 세계경제는 외형상으로만 성장을 이어갈 뿐 다중스케일적 불평등을 계속해서 확대·재생산함으로써 궁극적으로는 선진국 스케일의 경제와 환경마저도 지속하기 어렵게 만들 위험성이 크다. 신자유주의와 자본주의에 대한 지리적·다중스케일적 안목과 이해를 기르고, 이를 바탕으로 자본주의와 세계경제에 대한 지속가능한 새로운 방향을 모색해야 하는 까닭이 바로 여기에 있다.

신국제분업이나 노동의 국제 이동 등에 따른 문제점과 부조리는 윤리나 관념론적 정의론으로는 제대로 이해될 수 없다. 나아가 그에 대한 실효성 있는 대안을 모색하기는커녕 되려 혐오나 배제의 정서만 키우는 더 큰 부작용을 낳을 위험성까지 내포하고 있다. 유럽에서는 이주노동자의 범죄행위와 이에 대한 미온적 대처가 극우 정당의 세력을 키우고 있으며, 한국에서는 토건주의에 대한 이해는 커녕 이에 대한 주도면밀한 대책 마련과 실천도 제대로 하지 못한 문재인 정부의 부동산정책이 사상 최악의 집값 폭등과 혐오·극단주의 정치세력의 확산이라는 부작용을 낳았다. 신자유주의와 자본주의의 지리적·다중스케일적 성격에 대한 철저한 대처가 부족했을 때 나타날 수 있는 문제를 보여주는 대표적 사례다.

신자유주의 세계화의 다중스케일적 속성에 대한 심도 있는 이해가 없다면, 이러한 부작용을 극복할 공정한 분배나 도덕적 정의란 결코 실현될 수 없는 공허한 이상에 그칠 수밖에 없다. 수정 자본주의가 시장의 무분별한 자유에 제동을 걸면서 대공황을 극복하고 신자유주의가 민간경제의 효율성 제고와 통화주의의 힘을 통해 스태그플레이션이라는 고질병을 진정시켰듯이, 이제는 신자유주의가 가진 여러 문제점에 대한 지리적·다중스케일적 진단과 접근을 통해 자본주의와 세계경제가 나아갈 새로운 방향을 모색할 때다.

참고 문헌

들어가며 자본주의는 어디에서 와서 어디로 가는가?

1 Shrivastava, P., and Ivanova, O., "Inequality, corporate legitimacy and the Occupy Wall Street movement," in *Human Relations*, 68(7), pp. 1210-1228, 2015.

2 데이비드 하비, 최병두·이상율·박규택 옮김, 『희망의 공간: 세계화, 신체, 유토피아』, 한울, 2009.

3 이동민, 《기후로 다시 읽는 세계사》, 갈매나무, pp. 261-265, 2023a.

1. 지도와 나침반, 화약에서 시작된 자본주의

4 Horejs, B., Milić, B., Ostmann, F., Thanheiser, U., Weninger, B., and Galik, A., "The Aegean in the early 7th millennium BC: Maritime networks and colonization," in *Journal of World Prehistory*, 28, pp. 293-324, 2015.

1장. 에스파냐, 세계 최초로 대서양을 건넌 나라

5 Di Cosmo, N., "Black Sea emporia and the Mongol Empire: A reassessment of the Pax Mongolica," in *Journal of the Economic and Social History of the Orient*, 53(1-2), pp. 83-106, 2010.

6 데이비드 아불라피아, 이순호 옮김, 《위대한 바다: 지중해 2만년의 문명사》, 책과함께, pp. 621-634, 2011.

7 테리 G. 조든 비치코프·벨라 비치코바 조든, 김종규 옮김, 《유럽: 문화지역의 형성과정과 지역구조》(제4판), 시그마프레스, p. 200, 2007.

8 데이비드 아불라피아, 이순호 옮김, 같은 책, pp. 619-620, 2011.

9 Borges, R., Silva, R. J. C., Alves, L. C., Araújo, M. F., Candeias, A., Corregidor, V., and Vieira, J., "European silver sources from the 15th to the 17th century: The influx of "New World" silver in Portugese currency," *Heritage*, 1(2018), p. 454.

10 Fernández-dePiendo, N., "Global commodities in early modern Spain," In *Global history and New polycentric approaches: Europe, Asia and Americas in a world network system*, Eds. M. P. Garcia, and L. de Sousa, pp. 292-318. Singapore: Palgave Macmillan. pp. 293-308, 2018.

11 Flynn, D. O., and Giraldez, A., "Born again: Globalization's sixteen-century origins (Asian/global versus European dynamics," in *Pacific Economic Review*, 13(3), pp. 360-362, 2008.

12 이동민, 《발밑의 세계사》, 위즈덤하우스, p. 280, 2023b.

13 이동민, 같은 책, pp. 276-277, 2023b.

14 Permanency-UgartemenPermanenc A., "Opium after the Manila galleon: The Spanish involvement in the opium economy in East Asia (1815-1830)," in *Investigaciones de Historia Económica - Economic History Research*, 10(3), pp. 157-163, 2014.

15 Broadberry, S., and Gupta, B., "The early modern great divergence: Wages, prices and economic development in Europe and Asia, 1500 - 1800," in *Economic History Review*, 59(1), pp. 3-27, 2006.

16 Drelichman, M., and Voth, H.-J., "Lending to the borrower from hell: Debt and default in the age of Philip Ⅱ," in *The Economic Journal*, 121(557), pp. 1205-1206, 2011.

2장. 네덜란드, 먼바다에서 불어온 신용경제의 바람

17 오치 도시유키, 서수지 옮김, 《세계사를 바꾼 37가지 물고기 이야기》, 사람과나무사이, p. 9, 2014.

18 오치 도시유키, 서수지 옮김, 같은 책, pp. 60-63, 2014.

19 Van Popta, T. Y., Westerdahl, C. L., and Duncan, B. G., "Maritime culture in the Netherlands: Accessing the late medieval maritime cultural landscape of the north-eastern Zuiderzee," in *The International Journal of Nautical Archaeology*, 48(1), pp. 173-181, 2019.

20 오치 도시유키, 서수지 옮김, 같은 책, p. 9, 2014.

21 Gelderblom, O., and Jonker, J., "Completing a financial revolution: The finance of the Dutch East India trade and the rise of the Amsterdam capital market, 1595-1612," in *The Journal of Economic History*, 64(3), pp. 648-649, 2004.

22 이매뉴얼 월러스틴, 나종일·박상익·김명환·김대륜 옮김, 《근대세계체제 Ⅰ: 자본주의적 농업과 16세기 유럽 세계경제의 기원》, 까치, pp. 506-509, 1999.

23 주경철, 〈세계화의 역사와 패권 경쟁: 네덜란드 동인도회사와 아시아 교역: 세계화의 초기 단계〉, 《미국학》 vol. 28(2005), p. 2.

24 Gelderblom, O., de Jong, A., and Jonker, J., "The formative of the modern corporation: The Dutch East India Company VOC, 1602-1623," in *The Journal*

of the Economic History, 73(4), pp. 1072-1074, 2013.

25 Gelderblom, O., et al., Ibid., pp. 1068-1070, 2013.

26 Gelderblom, O., and Jonker, J., Ibid., pp. 659-663, 2004.

27 Gelderblom, O., and Jonker, J., Ibid., pp. 663-667, 2004

28 이매뉴얼 월러스틴, 유재건·서영건·현재열 옮김, 같은 책, 까치, pp. 61-62, 1999.

3장. 영국, 재정혁명을 산업혁명으로 이끈 섬나라의 힘

29 Gelderblom, O., and Jonker, J., Ibid., p. 642, 2004.

30 O'Brien, P. K., "Fiscal exceptionalism: Great Britain and its European rivals: From Civil War to triumple at Trafalgar and Waterloo," in *Department of Economic History, London School of Economics*, Working Paper No. 65/01, pp. 4-5, 2001.

31 아자 가트, 오은숙·이재만 옮김, 《문명과 전쟁》, 교유서가, p. 630, 2017.

32 O'Brien, P. K., Ibid., p. 6, 2001.

33 아자 가트, 오은숙·이재만 옮김, 같은 책, p. 640, 2017.

34 에드 콘웨이, 이종인 옮김, 《물질의 세계》, 인플루엔셜, pp. 268-271, 2024.

35 Wayman, M. L., and Wang, H., "Cast iron coins of Song dynasty China: A metallurgical study," in *Historical Metallurgy*, 37(1), pp. 18-20, 2003.

36 에드 콘웨이, 이종인 옮김, 같은 책, p. 268, 2024.

37 Washbrook, D., "The textile industry and the economy of South India, 1500-1800," In *How India Clothed the World: The World of South Asian Textiles, 1500-1850*, Eds. G. Riello, and T. Roy, pp. 173-191. Leiden, The Netherlands: Brill. pp. 175-182, 2009.

38 Boom, R., "Iron, the hidden elements-The role of iron and steel in the twentieth century," In *The Hatfield Memorial Lectures* (Volume Ⅲ), Ed. P. Beeley, pp. 227-246. Cambridge, UK: Woodhead. p. 230, 2005.

4장. 프랑스, 대평원의 대혁명이 퍼뜨린 자본의 자유

39 Barker, N. N., ""Let them eat cake": The mythical Marie Antoinette and the French Revolution," in *The Historian*, 55(4), pp. 716-723, 1993.

40 문제열, 〈[문제열의 窓] 프랑스 농업에서 배워야 할 점〉, 《전국매일신문》, 2021. 11. 23., https://www.jeonmae.co.kr/news/articleView.html?idxno=862647(2024. 9. 27. 접속).

41 재레드 다이아몬드, 김진준 옮김, 《총, 균, 쇠》, 문학사상, pp. 491-494, 2013.

42 Greek, E. E., "The myth of Charles Martel: Why the Islamic Caliphate ceased

military operations in western Europe After the Battle of Tours," in *Unpublished master dissertation at the Harvard Extension School*, pp. 64-67, 2019.

43 테리 G. 조든 비치코프·벨라 비치코바 조든, 김종규 옮김, 같은 책, 시그마프레스, pp. 48-49, 2007.

44 Sewell Jr., W. H., "Connecting capitalism to the French Revolution: The Parisian promenade and the origin of civic equality in eighteenth-century France," in *Critical Histocial Studies*, 1(1), pp. 8-9, 2014.

45 Sewell Jr., W. H., "The empire of fashion and the rise of capitalism in eighteenth-century France," in *Past and Present*, 206(1), pp. 87-108, 2010.

46 Sewell Jr., W. H., Ibid., p. 7, 2014.

47 임수환, 〈서유럽 근대농업의 전개와 정치적 근대화: 15-19세기 영국, 프랑스, 독일 사례의 비교〉, 《정치와 공론》, vol. 30(2022), pp. 87-88.

48 McPhee, P., *Living the French Revolution*, 1789-19, New York: Palgrave MacMillan, p. 39, 2006.

49 Popkin, J. D., *A Short History of the French Revolution*(Sixth Edition), London: Routledge(2016), pp. 23-25.

50 고원, 앞의 논문, 2020.

51 임수환, 앞의 논문, pp. 91-94, 2022.

다중스케일로 톺아보기 좋은 시절, 벨 에포크의 두 얼굴

52 Knox, P., and Pinch, S., 박경환·류연택·정현주·이용균 옮김, 《도시사회지리학의 이해》(제6판), 시그마프레스, p. 20., 2014.

53 Kaplan, D. H., Holloway, S. R., and Wheeler, J. O., 김학훈·이상율·김감영·정희선 옮김, 《도시지리학》(제3판), 시그마프레스, p. 59, 2016.

54 에릭 홉스봄, 정도영 옮김, 《자본의 시대》, 한길사, pp. 411-412, 1998.

55 Hastuti, F. R., "Crimes in the 19th Century London in Charles Dickens' Oliver Twist," in *Language Circle: Journal of Language and Literature*, 13(2), pp. 3-7, 2019.

56 Wohl, A. S., *The Eternal Slum: Housing and Social Policy in Victorian London. Abingdon, Oxon*, UK: Routledge, pp. 207-221, 2017.

57 레이첼 페인·제이미 고프·그레이엄 모울·마이클 바크·로버트 맥팔레인·던컨 풀러, 이원호·안영진 옮김, 《사회지리학의 이해》, 푸른길, pp. 164-165, 2008.

58 이성숙, 〈영국 빅토리아 시대의 성병방지법과 매춘여성들〉, 《서양사론》, 69, pp. 74-81, 2001.

59 Kaplan, D. H., Holloway, S. R., and Wheeler, J. O., 김학훈·이상율·김감영·정희선 옮김, 같은 책, 2016.

60 유발 하라리, 조현욱 옮김, 《사피엔스》, pp. 444-462, 2015.

61 Karmakar, K. G., "Colonial rule and its effects on India's rural economy," in *Journal of South Asian Studies*, 3(3), pp. 277-279, 2015.

62 에이프릴 고든·도날드 고든, 김광수 옮김, 《현대 아프리카의 이해》(5판), 다해, pp. 69-72, pp. 143-145, 2018.

63 정태헌, 2000, 〈1910년대 일제의 식민지 자본주의 체제 구축 과정〉, 《아시아문화》, 15, pp. 9-24.

2 반反자본주의 확산으로 분열하는 지구

5장. 러시아, 유럽을 반토막 낸 공산주의라는 유령

64 Harrison, M., "The Soviet economy, 1917-1991: Its life and afterlife," in *The Independent Review*, 22(2), p. 203, 2017.

65 Markevich, A., and Nafziger, S., "State and market in Russian industrialization', In *The Spread of Modern Industry to the Periphery Since 1871*, Eds. K. H. O'Rourke, and J. G. Williamson, pp. 33-62. Oxford, UK: Oxford University Press, pp. 35-36, 2017.

66 구로카와 유지, 안선주 옮김, 《유럽 최후의 대국, 우크라이나의 역사》, 글항아리, pp. 175-179, 2022.

67 박지배, 〈표트르 시기 러시아 절대국가의 형성과 귀족 및 농민 신분의 제도화〉, 《역사학보》, 208, pp. 191-196, 2010.

68 김학준·장덕준, 《러시아사》, 단국대학교출판부, p. 151, 2018.

69 빅토르 세르주, 황동하 옮김, 《러시아혁명의 진실》, 책갈피, p. 31, 2011.

70 Meliantsev, V. A., Ibid., p. 112, 2004.

71 김학준·장덕준, 같은 책, p. 136, 2018.

72 Levitt, M., and Minin, O., "The satirical journals of the First Russian Revolution, 1905-1907: A brief introduction," in *Experiments*, 19, p. 17, 2013.

73 Markevich, A., and Nafziger, S., Ibid., p. 37, 2017.

74 Cornell, S. E., "Pipeline power: The war in Georgia and the future of the Caucasian energy corridor," in *Georgetown Journal of International Affairs*, 10(1), pp. 132-138, 2009.

75 성원용, 〈푸틴주의와 러시아 국가자본주의: 역사적 기원과 현대적 변용〉, 《비교경제연구》, 21(2), pp. 140-149, 2014.

6장. 독일, 파시즘의 불쏘시개가 된 자본주의 후발국의 비극

76 Higgs, R., "Military-economic fascism: How buisness corrupts government, and vice versa," in *The Independent Review*, 12(2), pp. 300-311, 2007.

77 테리 G. 조든 비치코프·벨라 비치코바 조든, 김종규 옮김, 같은 책, 시그마프레스, pp. 509-510, 2007.

78 Leuker, M. T., "Arminius - Barbarossa - Hitler? Images of Germany in texts by Harry Mulisch and Cees Nooteboom," in *Journal of Dutch literature*, 7(2)(2016), p. 7.

79 크리스토퍼 클라크, 박병화 옮김, 《강철왕국 프로이센》, 마티, pp. 33-36, pp. 122-123, 2020.

80 크리스토퍼 클라크, 박병화 옮김, 같은 책, 마티, pp. 532-533, 2020.

81 송석윤, 〈1870/71년 독일통일과 연방제헌법〉, 《법사학연구》, 41, p. 180, 2010.

82 송석윤, 〈프로이센 헌법갈등 연구〉, 《서울대학교 법학》, 45(3), 2004.

83 송석윤, 앞의 논문, pp. 190-192, 2004.

84 이헌대, 〈독일 산업혁명의 재조명〉, 《경상논총》, 32(4), pp. 77-79, 2014.

85 이헌대, 앞의 논문, pp. 87-92, 2014.

86 Murray, W. A., *Toward world war 1871-1914. In The Cambridge Illustrated History of Warfare*, Ed. G. Parker, pp. 260-287. *Cambridge*, UK: Cambridge University Press(2022), pp. 275-228.

87 존 키건, 유병진 옮김, 《세계전쟁사》, 까치, pp. 508-509, 2018.

88 Young, L., "When fascism met empire in Japanes-occupied Manchuria," in *Journal of Global History*, 12, pp. 275-276, 2017.

89 Grünbacher, A., "Cold-War economies: The use of Marshall Plan counterpart funds in Germany, 1948-1960," *Central European History*, 45(4), pp. 698-715, 2012.

7장. 미국, 대서양부터 태평양까지 아우른 새로운 자본주의 종주국

90 Sicker, M., *The Geopolitics of Security in the Americas: Hemispheric Denial from Monroe to Clinton*, Westport, CT: Praeger, pp. 36-38, 2002.

91 앨런 그린스펀·에이드리언 울드리지, 김태훈 옮김, 《미국 자본주의의 역사》, 세종, pp. 47-49, 2020.

92 Winchester, S., *The Men Who United the States*, New York: Harper, pp. 7-8, 2013.

93 이동민, 같은 책, p. 346, 2023b.

94 Gleijeses, P., "Napoleon, Jefferson, and the Louisiana Purchase," in *The International History Review*, 39(2), pp. 238-249, 2017.

95 김용태, 〈19세기 전반기 미국 연방정부의 이민통제정책: 승객법(Passenger acts)을 중심으로〉, 《인문과학연구》, 80, p. 81, 2024.

96 앨런 그린스펀·에이드리언 울드리지, 김태훈 옮김, 같은 책, pp. 62-67, 2020.

97 앨런 그린스펀·에이드리언 울드리지, 김태훈 옮김, 같은 책, p. 24, 2020.

98 황유정, 《미국과 캐나다: 자연·산업과 도시들》, 이담북스, pp. 135-145, 2010.

99 앨런 그린스펀·에이드리언 울드리지, 김태훈 옮김, 같은 책, pp. 73-74, 2020.

100 Winchester, S., Ibid., pp. 257-258, 2013.

101 앨런 그린스펀·에이드리언 울드리지, 김태훈 옮김, 같은 책, p. 126, 2020.

102 민유기, 〈파나마운하 정경유착 비리와 1890년대 프랑스의 정치변화〉, 《사총》, 76, p. 328, 2012.

103 박진빈, 〈제국과 개혁의 실험장: 미국의 파나마 운하 건설〉, 《미국사연구》, 32, pp. 118-122, 2010.

104 Huebner, G. G., "Economic aspects of the Panama Canal," in *The American Economic Review*, 5(4), p. 816, 1915.

105 박구병, 2011, 〈제국의 초상: 미국의 파나마 운하 건설과 파나마의 은폐〉, 《국제지역연구》, 20(4), 109-135.

106 Sigler, T., "The Panama Canal Zone: A historical revisionist's perspective," in *Postcolonial Studies*, 19(3), pp. 351-355, 2016.

107 박구병, 앞의 논문, pp. 127-130, 2011.

108 이재림, 2024, 〈10년간 사업 지지부진… 니카라과, 中사업가 '운하 개발권' 환수〉, 《조선일보》, 2024. 05. 09, https://www.yna.co.kr/view/AKR20240509010500087?input=1195m(2024. 06. 04. 접속)

109 앨런 그린스펀·에이드리언 울드리지, 김태훈 옮김, 같은 책, p. 266, 2020.

다중스케일로 톺아보기 수정자본주의와 함께 점점 불어난 전쟁 스케일

110 앨런 그린스펀·에이드리언 울드리지, 김태훈 옮김, 같은 책, pp. 295-314, 2020.

111 아자 가트, 오은숙·이재만 옮김, 같은 책, p. 850, 2017.

112 김정배, 〈프랭클린 루즈벨트의 전후구상: 미국 헤게모니의 한계〉, 《미국사연구》, 13, pp. 81-82, 2001.

113 아자 가트 저, 오은숙·이재만 옮김, 같은 책, p. 799, 2017.

3. 이상한 나라의 자본주의가 그려낸 새로운 세계지도

114 에드 콘웨이, 이종인 옮김, 같은 책, p. 391, 2024.

115 이희연, 같은 책, pp. 126-127, 2014.

116 앨런 그린스펀·에이드리언 울드리지, 김태훈 옮김, 같은 책, pp. 386-387, 2020.

8장. 중국, 대륙과 대양을 관통하는 '일대일로'의 거대한 그림

117 Starosta, G., Revisiting *the new international division of labour* thesis, In The New International Division of Labour, Eds. G. Charnock, and G. Starosta, pp. 79-103. London: Palgrave Macmillan. pp. 81-82, 2016.

118 이동민, 같은 책, p. 111-112, 2023a.

119 이동민, 같은 책, p. 144, 2023b.

120 Flores, T., Krakowsky, G., and Simmons, J., "Productivity Growth in China, 1961-1999," in *Public Policy*, 556, p. 3, 2003.

121 Flores, T., et al. Ibid., p. 3, 2003.

122 김영란, 〈중국의 해외유학인재 육성정책과 성과〉, 《동아인문학》, 20, pp. 502-503, 2011.

123 최진백, 〈중국 일대일로 2.0의 기원과 그 함의〉, 국립외교원 외교안보연구소 정책연구시리즈 2019-28, p. 22, 2020.

124 Dungey, M., Fry-McKibbin, R., and Volkov, V., "Transmission of a resource boom: The case of Australia," in *Oxford Bulletin of Economics and Statistics*, 82(3), pp. 503-521, 2020.

125 Tsoulfidis, L., and Tsaliki, P., "The long recession and economic consequenses of the COVID-19 pandemic," in *Investigación Económica*, 81(321), p. 8, 2022.

126 장정재, 〈중국 일대일로 정책의 경제적 함의와 활용방안〉, 《중국지역연구》, 3(2), p. 110, 2016.

127 Yaseen, H., "One Belt One Road (OBOR) and Neo-Eurasianism: An overview," in *Journal of European Studies*, 36(2), pp. 131-135, 2020.

128 Ruta, M., 2018, Belt and Road Initiative. A brief article in the World Bank website.(https://www.worldbank.org/en/topic/regional-integration/brief/belt-and-road-initiative, 2024. 06. 29. 접속)

129 Maliszewska, M., and van der Mensbrugghe, D., "The Belt and Road Initiative," in *World Bank policy research paper* 8814, 2019.

130 대외경제정책연구원(KIEP) 북경사무소, 〈중국의 '일대일로' 10년의 성과 및 평가〉, 《KIEP 북경사무소 브리핑》, 25(7), pp. 3-5, 2023.

131 Seilker, S., and Kaufmann, E., "The influence of the Belt and Road Initiative in Europe," in *Regional Studies, Regional Science*, 7(1), pp. 288-290, 2020.

132 Greer, T., "One Belt, One Road, one big mistake: China's signature foreign-policy project is a failure that the U.S. shouldn't copy," in *Foreign Policy*, December 6 2018, p. 1, 2018.

133 Greer, T., Ibid., p. 2, 2018.

134 Abeyrathne, D. H., and Kamburawala, T. U., "Comparative analysis of debt restructuring strategies in developing economies: A case study of Ghana, Zambia, and Sri Lanka," in *HAPSc Policy Briefs Series*, 4(2), pp. 150-151, 2023.

135 Bartlett, K., Deadly Kenya protests spurred by international debt woes. Voice of America, June 28 2024, 2024. https://www.voanews.com/a/deadly-kenya-protests-spurred-by-international-debt-woes/7677212.html(2024. 06. 30. 접속).

136 윤상우, 〈중국 발전모델의 진화와 변동: 발전국가를 넘어 국가자본주의로?〉, 《아시아리뷰》, 7(2), p. 39, 2018.

137 김영진, 〈일대일로와 중앙아시아 국가들의 대응: 경제적 기회와 도전〉, 《아시아리뷰》, 9(1), pp. 62-64, 2019.

138 Abdullah, Z., Muhamad, R., and Said, N. A., "U.S. economic policy towards China under the Biden administration," in *Malaysian Journal of History, Politics & Strategic Studies*, 51(1), p. 46, 2024.

139 Das, D., "Revisiting the contours of the evolving Middle Eastern order through the India-Middle East-EU Corridor: Mapping India's scopes and limitations," in *Asian Journal of Political Science*, 32(1), pp. 37-49, 2024.

140 김은중, 2024, 〈美·日·필리핀, '中 견제' 손잡았다〉, 《조선일보》, 2024. 04. 13. 자 기사, https://www.chosun.com/international/us/2024/04/13/UIUU2YNAAZGYLATPNTRF5I524I/?utm_source=naver&utm_medium=referral&utm_campaign=naver-news(2024. 07. 01. 접속).

141 김영진, 앞의 논문, p. 64, 2019.

142 인교준, 2024, 〈中 일대일로 '경계' 러시아 입장선회 왜…서방제재 탈출구 모색〉, 《연합뉴스》, 2024. 04. 08. 자 기사, https://www.yna.co.kr/view/AKR20240408067500009?input=1195m(2024. 07. 01. 접속).

9장. 베트남, 양날의 검이 되어버린 천혜의 지리 자원

143 Marshall, J., *To Have and Have Not: Southeast Asian Raw Materials and the Origins of the Pacific War*, Berkeley, CA: University of California Press. pp. ix-xii, 1995.

144 안광호, 2023, 〈베트남 앞세운 아세안, '포스트 차이나' 될 수 있을까〉, 《경향신문》, 2023. 07. 15. 자 기사, https://www.khan.co.kr/economy/economy-general/article/202307150830011.

145 딘티레 후옌, 〈15~18세기 베트남의 무역항과 해상교역〉, 《해양문화재》, 14, p. 79, 2021.

146 오민영, 《처음 읽는 베트남사》, 휴머니스트, pp. 151-223, 2022.

147 Welle-Strand, A., Vlaicu, M., Tjeldvoll, A., "Vietnam-A new economic dragon in Southeast Asia?" in *Journal of Developing Societies*, 29(2), p, 158, 2013.

148 이장로·김용식, 〈한국 기업의 베트남투자 사례연구〉, 《무역학회지》, 22(3), pp. 7-12, 1997.

149 이제홍, 〈한국기업의 베트남 시장에서 수출경쟁력 결정요인 분석〉, 《무역학회지》, 37(4), p. 149, 2012.

150 김민숙·방호열·박창진, 〈한국 베트남 투자기업의 조직몰입도 결정요인〉, 《국제경영리뷰》, 14(2), p. 133, 2010.

151 이제홍, 앞의 논문, pp. 154-156, 2012.

152 박중현, 2023, 〈[횡설수설/박중현] 한국의 '무역흑자 1위' 수출시장 베트남〉, 《동아일보》, 2023. 01. 05. 자 기사, https://n.news.naver.com/article/020/0003472009?sid=110.

153 구양미, 〈한국 기업의 베트남 투자와 베트남의 산업구조 및 지역 변화〉, 《대한지리학회지》, 52(4), p. 450, 2017.

154 Welle-Strand, A., et al., Ibid., pp. 159-163, 2013.

155 최율소, 2023, 〈35세 지나면 사라지는 베트남 삼성공장 女근로자들〉, 《아시아타임즈》, 2023. 12. 05. 자 기사(https://www.asiatime.co.kr/article/20231205500418, 2024. 07. 01. 접속).

156 Welle-Strand, A., et al., Ibid., pp. 163-168, 2013.

157 Vinh, N. T., "The impact of foreign direct investment, human capital on labour productivity in Vietnam," in *International Journal of Economics and Finance*, 11(5), pp. 99-101, 2019.

158 이동민, 같은 책, pp. 216-232, 2023a.

159 김민영, 2024, 〈비행기도 회항시킨 베트남 하노이 대기질...어떻길래?〉, 《비건뉴스》, 2024. 02. 07. 자 기사(https://www.vegannews.co.kr/news/article.html?no=17858, 2024. 10. 21. 접속).

160 World Bank Group, *Sustaining Success: Priorities for Inclusive and Sustainable Growth*, Vietnam Systematic Country Diagnostic 2016. p. 2 , 2016.

161 박배균, 〈한국에서 토건 국가 출현의 배경: 정치적 영역화가 토건지향성에 미친 영향에 대한 시론적 연구〉, 《공간과 사회》, 통권 31호, p. 52, 2009.

162 유정호, 〈한국경제의 고속성장과 선진화〉, 《한국경제포럼》, 15(4), pp. 87-89, 2022.

163 김정주, 〈1950-1960년대 한국의 자본축적과 국가기구의 전면화 과정〉, 공제욱·조석곤 편저, 《1950-1960년대 한국형 발전모델의 원형과 그 변용과정》, 한울, p. 158, 2005.

164 유정호, 앞의 논문, pp. 93-94, 2002.

165 유정호, 앞의 논문, p. 91, 2002.

166 유정호, 앞의 논문, pp. 99-100, 2002.

167 김경필, 〈박정희 시대 재벌의 자본순환 및 축적 분석〉, 《경제와 사회》, 114, pp. 231-239, 2017.

168 강진연, 〈국가성의 지역화: 한국의 토건국가 형성 과정과 성장연합의 역사적 구성〉, 《사회와 역사》, 105, pp. 330-332, 2015.

169 김완중, 2021, 〈1970년대 새마을운동 기간 한국 농촌경제의 상대적 성과분석: 도농 격차 비교를 중심으로〉, 《아시아연구》, 24(2), pp. 197-214, 2021.

170 전강수, 〈1970년대 박정희 정권의 강남개발〉, 《역사문제연구》, 28, p. 15, 2012.

171 전강수, 앞의 논문, pp. 27-33, 2012.

172 강진연, 앞의 논문, pp. 331-334, 2015.

173 강진연, 앞의 논문, pp. 348-350, 2015.

174 이종태, 2009, 〈신자유주의 혁명가 김대중의 성공 그리고 한계〉, 《시사IN》, 2009. 08. 24. 자 기사(https://www.sisain.co.kr/news/articleView.html?idxno=5127, 2024. 07. 04. 접속).

175 최병두, 〈신자유주의의 불균등발전과 국토 및 도시 공간 정책의 변화〉, 《국토지리학회지》, 45(3), pp. 466-472, 2011.

176 박배균, 앞의 논문, pp. 78-81, 2009.

177 김준우·안영진, 2022, 〈이념과 공간 : 주요 공간개발 사업을 대상으로 한 실증적 검토〉, 《국토지리학회지》, 56(1), p. 75, 2022.

178 김준우·안영진, 앞의 논문, p. 75, 2022.

179 문희수, 2024, 〈신도시 재건축, 헛바람 넣다 탈 난다〉, 《문화일보》, 2024. 06. 17. 자 기사(https://www.munhwa.com/news/view.html?no=2024061701033011000002, 2024. 07. 04. 접속).

180 황주윤, 2024, 〈박상우 국토장관, 전세 사기 피해자에 '덜렁덜렁' 발언 43일 만에 사과〉, 《매일경제TV》, 2024. 06. 26. 자 기사(https://mbnmoney.mbn.co.kr/news/view?news_no=MM1005270152, 2024. 07. 04. 접속).

181 스튜어트 L. 하트 정상호 옮김, 《새로운 자본주의가 온다》, 럭스미디어, p. 43, 2011.

182 Martin, P., 2004. Global economy maintains momentum after upside surprise: The global economy is expected to grow at a decent clip again in 2024 – but downside risks have escalated since our last quarterly update. An opinion article published in the Wood Mackenzie website(https://www.woodmac.com/news/opinion/global-economy-maintains-momentum-after-upside-surprise/. 2024. 06. 15. 접속).

183 스튜어트 L. 하트, 정상호 옮김, 같은 책, pp. 43-44, 2011.

184 Stiglitz, J., "The end of neoliberalism and the rebirth of history," in *Project Syndicate*, 4(11), pp. 1-2, 2019.

185 김광희, 〈한국의 청년 실업과 히키코모리 문제: 일본의 중장년 히키코모리와 8050 문제를 중심으로〉, 《무역연구》, 16(3), pp. 469-476, 2020.

186 트럼프는 정치적·정책적인 논란 이전에, 그 개인이 정신의학적으로 자기애성 성격장애적인 행동 양상을 다분히 보이는 인물이기도 하다. Griffith, K., "You might think this article is about you: A neurological overview of narcissistic personality disorder," in *Scientific Kenyon: The Neuroscience Edition*, 5, pp. 38-39, 2021.

187 장소연·유용재, 〈온라인 커뮤니티와 혐오의 문화정치: 일간베스트저장소와 메갈리아의 사례를 중심으로〉, 《스피치와 커뮤니케이션》, 16(1), pp. 48-49, 2017.

188 김지민·김경민·최고훈, 〈20대 대선과 '젠더 포퓰리즘': 정치적 양식의 반페미니즘적 구성을 중심으로〉, 《한국여성학》, 39(2), pp. 221-229, 2023.

189 스튜어트 L. 하트, 정상호 옮김, 같은 책, pp. 48-54, 2011.

190 Harris, P. G., "COP28: Loss and damage, fossil fuels and the. limits of climate diplomacy," in *PLOS Climate*, 3(1), e0000351. pp. 1-3, 2024.

191 캡슐커피를 비롯한 일회용 제품의 사용은 유럽에서는 이미 환경보전을 이유로 강력한 규제가 이루어지고 있다. 최신혜, 2018, 〈환경부 '일회용컵' 이어 '캡슐커피' 규제 나설까…유럽선 규제 강화(종합)〉, 《아시아경제》, 2018. 10. 31, 자 기사(https://view.asiae.co.kr/news/view.htm?idxno=2018103114195929353, 2024. 07. 05. 접속).

192 이동민, 같은 책, pp. 244-252, 2023a.

나가며 세계경제에 미래는 있을까?

193 박선미·김희순, 《빈곤의 연대기: 제국주의, 세계화 그리고 불평등한 세계》. 갈라파고스, pp. 385-386, 2015.

194 Kelly, P., Awkward intimacies: Prostitution, politics, and fieldwork in urban

Mexico In *Anthropologists in the Field: Cases in Participant Observation*, Eds. L. Hume, and J. Mulcock, pp. 3-17. New York: Columbia University Press. pp. 4-5, 2024.

195 배병인, 〈촛불과 문재인 정부: 자유주의와 민주주의의 탈구〉, 《마르크스주의 연구》, 16(1), pp. 25-32, 2019.

이미지 출처 및 지도 참고

그림1 www.deviantart.com/theaidanman/art/The-Mediterranean-
    Theater-1490-766308959

그림 2, 그림 3, 그림 4, 그림 5, 그림 6, 그림 8, 그림 10, 그림 11, 그림 14, 그림 15, 그림 17,
    그림 18, 그림 20, 그림 21, 그림 22, 그림 23, 그림 25, 그림 26, 그림 27, 그림 28, 그림
    31, 그림 32, 그림 34, 그림 40 © Wikimedia Commons

그림 5 www.rfdtv.com/1287-st-lucias-flood-transformed-the-netherlands

그림 7 www.sutori.com/en/item/map-of-dutch-east-india-company-s-trade-routes

그림 9 mapoftheday.quickworld.com/posts/europe-in-1600

그림 12, 그림 16, 그림 33, 그림 36 doopedia.co.kr

그림 13 www.freeworldmaps.net

그림 19 transportkuu.com/1986/01/18/%EA%B5%90%ED%86%B5-
    %EB%B0%9C%EB%8B%AC/

그림 24 www.britannica.com/place/Germany/Germany-from-1871-to-1918

그림 29 www.historictrains.org/railroad-maps

그림 30 airfreight.news/articles/full/connecting-the-world-through-the-panama-
    canal

그림 35 www.gisreportsonline.com/r/belt-road-initiative-dangers

그림 37 외교부 www.mofa.go.kr

그림 38 국가기록원 theme.archives.go.kr/next/koreaOfRecord/exway.do

그림 39 감사원 www.bai.go.kr/bai

지리로 다시 읽는 자본주의 세계사

초판 1쇄 발행 2025년 1월 10일
초판 2쇄 발행 2025년 2월 10일

지은이 • 이동민

펴낸이 • 박선경
기획/편집 • 이유나, 지혜빈, 김슬기
홍보/마케팅 • 박언경, 황예린, 서민서
표지 디자인 • forbstudio
본문 지도 일러스트 • 김지희
디자인 제작 • 디자인원(031-941-0991)

펴낸곳 • 도서출판 갈매나무
출판등록 • 2006년 7월 27일 제395-2006-000092호
주소 • 경기도 고양시 일산동구 호수로 358-39 (백석동, 동문타워 I) 808호
전화 • 031)967-5596
팩스 • 031)967-5597
블로그 • blog.naver.com/kevinmanse
이메일 • kevinmanse@naver.com
페이스북 • www.facebook.com/galmaenamu
인스타그램 • www.instagram.com/galmaenamu.pub

ISBN 979-11-91842-78-4/03900
값 19,500원